120.

Titolo originale *A View from the Bridge*
Copyright © 1955, 1957 by Arthur Miller

© 1959 Giulio Einaudi editore s.p.a., Torino
Traduzione di Gerardo Guerrieri

Prima rappresentazione a New York 29 settembre 1955
Prima rappresentazione a Londra 11 ottobre 1956

ISBN 88-06-07039-8

Arthur Miller

UNO SGUARDO DAL PONTE

Dramma in due atti

Giulio Einaudi editore

Di *Uno sguardo dal ponte* (*A View from the Bridge*) esistono due versioni: la prima, in un atto, rappresentata nel settembre del 1955 a New York, assieme con *Ricordo di due lunedí*; la seconda, in due atti, rappresentata nell'ottobre del 1956 a Londra. La seconda versione, quella che si può leggere nella traduzione italiana, nasce dalla precedente e ne costituisce il superamento, essendo il risultato di un processo di sostanziale rielaborazione drammaturgica e critica.

Per capire il significato del dramma, sia in se stesso come nelle intenzioni di Miller, è opportuno rifarsi ai motivi che hanno indotto l'autore ad attuarne la seconda edizione, tanto piú che egli stesso ha avuto cura di documentare il fenomeno.

Si deve dire innanzi tutto che la vicenda raccontata in *Uno sguardo dal ponte* trae origine da un fatto di cronaca dal quale Miller fu profondamente e a lungo turbato: una torbida vicenda familiare, ambientata tra gli immigrati italiani di Brooklyn, per lo scrittore al medesimo tempo illogica e significativa, perfetta e misteriosa come una manifestazione del fato greco (non a caso a Broadway la scenografia era dominata da un frontone di stile greco). Di qui lo sforzo di decifrare i termini della vicenda, ma al contempo anche lo scrupolo di « trascriverli » con la massima oggettività possibile.

« Se questa storia era accaduta, e se non avevo potuto dimenticarla in tanti anni – ricorda Miller –, essa doveva avere per me un qualche significato, e potevo scrivere ciò che era accaduto, e perché era accaduto; e del significato che ciò aveva per me, descrivere quel tanto di cui mi rendevo conto. Tuttavia desideravo lasciare l'azione cosí com'era, in modo che lo spettatore avesse la possibilità di interpretarne il significato interamente per conto suo, e accettare o respingere la mia interpretazione. Questa consisteva nell'orrore d'una passione che nonostante sia contraria all'interesse dell'individuo che ne è dominato, nonostante ogni genere di avvertimento ch'egli riceve, e nonostante perfino ch'essa distrugga i suoi principî morali, continua ad aumentare il suo potere su di lui fino a distruggerlo ».

Assistendo alle rappresentazioni, Miller si rese conto che il taglio netto tra fatto, messo in scena con distacco e assenza di partecipazione, e commento, affidato ad un narratore in qualche modo estraneo alla vicenda, soluzione in complesso basata sul presupposto di una estraneità dell'autore nei confronti dei personaggi e del loro modo di agire, salvo il rapporto creato dall'interesse intellettuale e dall'orrore morale, era sostanzialmente un artifizio. Lo stesso assillo che lo aveva portato ad occuparsi di quei personaggi e delle loro vicende, costituiva la prova che anche in questo caso, come in tutte le opere anteriori, lo scrittore era molto piú strettamente legato alla materia drammatica di quanto non credesse e che la storia narrata non era quella di un « mostro » abnorme, bensí di un uomo e, per tale fatto, in certa misura storia di tutti.

Poste queste premesse, è facile capire in quale direzione si sia sviluppato il lavoro che ha portato all'edizione attuale: difficile e talora un poco scivoloso impasto di distacco e di partecipazione, di tragedia e di dramma, di realismo e di astrazione, il tutto arricchito da intenzioni non sempre realizzate e da quel pessimismo attivo che fa dire a Miller – ed è uno dei temi di fondo del suo teatro: « La storia dell'uomo è un continuo rovesciare il determinismo attuale per far posto ad un altro determinismo piú aderente ai mutevoli rapporti della vita ».

Uno sguardo dal ponte fu rappresentato per la prima volta in Italia nel gennaio del 1958 con una regia di Luchino Visconti salutata dalla critica come magistrale: protagonisti Paolo Stoppa, Rina Morelli, Marcello Giorda, Ilaria Occhini, Sergio Fantoni e Corrado Pani; le scene, particolarmente ammirate, erano di Mario Garbuglia. Nell'ottobre del 1967, nove anni piú tardi, Raf Vallone, che sempre nel 1958 era stato protagonista del dramma nell'edizione parigina allestita da Peter Brook, ha riproposto al pubblico italiano, con la propria regia, l'opera, avendo al fianco Alida Valli, Massimo Foschi, Lucio Rama, Lino Capolicchio e Delia Boccardo; scenografo Enrico Job. Nel 1962 Raf Vallone fu anche protagonista dell'edizione cinematografica del dramma, per la regia di Sidney Lumet.

UNO SGUARDO DAL PONTE

PERSONAGGI

Eddie
Beatrice
Catherine
Marco
Rodolfo
Alfieri
Tony
Louis
Mike
Primo agente
Secondo agente
Due clandestini
Lipari
Moglie di Lipari
Gente del vicinato

ATTO PRIMO

La strada e la facciata di una casa popolare. Della facciata si vede soltanto lo scheletro. Lo spazio principale è la camera da pranzo-stanza di soggiorno dell'appartamento di Eddie Carbone. È la casa di un operaio: pulita, familiare. C'è una sedia a dondolo, un tavolo da pranzo rotondo, con le sedie, e un grammofono portatile.
Sul fondo della stanza, a destra e a sinistra, due porte che conducono rispettivamente alla cucina e a una camera da letto che non si vedono.
A destra del proscenio, una scrivania che rappresenta l'ufficio dell'avvocato Alfieri.
A sinistra del proscenio, una cabina telefonica: la quale, non essendo necessaria che nelle ultime scene, può essere mascherata o lasciata in vista.
Una rampa di scale conduce all'appartamento, e continua poi verso il secondo piano, che non si vede. Rampe che rappresentano la strada corrono verso il fondo a destra e a sinistra.
Louis e Mike, scaricatori del porto, giocano a soldi a testa e croce contro l'edificio a sinistra. Si sente un distante suono di sirena antinebbia. Entra Alfieri, avvocato sulla cinquantina, anzi prossimo ai sessanta, brizzolato, dignitoso; è arguto, riflessivo.
I due giocatori gli fanno un cenno di saluto mentre passa; egli attraversa la scena e va al suo ufficio, si leva il cappello, si passa le dita fra i capelli, e, con un sorriso d'intesa, dice al pubblico:

ALFIERI   Ve ne siete accorti? Non ve ne siete accorti, come m'hanno salutato? Sembra che abbiano paura. È per-

ché sono un avvocato. Vedere un prete o un avvocato, in questo quartiere, guai, porta male. Pensano subito a qualche disastro. Perciò, alla larga.
Io penso spesso ai millenni di sospetto che stanno dietro a questi saluti diffidenti. Avvocato significa legge, e la parola legge, in Sicilia, da dove vengono i loro padri, non ha mai avuto un suono precisamente amichevole, dai tempi dei greci e dei cartaginesi.
Io ho la tendenza a vedere il lato catastrofico delle cose, forse perché sono nato in Italia... Son venuto qua che avevo solo venticinque anni. A quell'epoca Al Capone, il cartaginese più grande di tutti, faceva le sue prime armi in questi paraggi, e il famoso Frankie Yale, fu letteralmente segato in due con un mitragliatore all'angolo di Union Street, qua dietro, a due passi. Oh, molti, qui, furono giustamente ammazzati da uomini ingiusti. La giustizia è una cosa molto importante qui.
Ma questa non è la Sicilia, è Red Hook; quella specie di bassoporto di Brooklyn, che dal ponte va verso l'Atlantico: ed è la gola di New York, che inghiotte tutto il tonnellaggio del mondo. Ormai siamo tutti americanizzati, tutti civili. Ci mettiamo d'accordo, trattiamo; e io non ho più bisogno di tenere una pistola nel cassetto della scrivania. E anche la mia pratica professionale, è quanto di meno romantico si possa immaginare.
Mia moglie, i miei amici mi criticano, dicono che la gente di questo quartiere non è elegante, non è brillante. In fondo, in vita mia con chi ho avuto a che fare? Scaricatori, facchini: mogli, padri, figli, nonni di scaricatori e facchini... sfratti, infortuni, liti in famiglia – le misere beghe dei poveri – eppure... Eppure, ogni tanti anni, qualche caso c'è ancora... e mentre le parti mi raccontano le loro ragioni – o torti – tutt'a un tratto – una ventata verde di mare smuove l'aria stagnante, spazza via la polvere del mio ufficio, e mi viene alla mente che in qualche anno dei Cesari, in Calabria, forse, o sulla scogliera di Siracusa, qualche altro avvocato, vestito in tutt'altro modo dal mio, ascoltò le stesse ragioni – o torti – e rimase come me ad assistere, impotente, al corso

ATTO PRIMO

sanguinoso degli eventi. (*Eddie è comparso da sinistra, si è associato ai due uomini che giocano a testa e croce. Le luci si concentrano su di lui. È uno scaricatore sulla quarantina, duro, un po' appesantito*). Il nome di questo qui era Eddie Carbone, e lavorava al porto; dal ponte di Brooklyn su su fino all'ultimo molo dove comincia il mare aperto. (*Entra nel buio a destra*).

EDDIE (*salendo i gradini verso la porta della casa*)   Ne vedimo Louis!

Catherine entra nel soggiorno dalla cucina e attraversa fino alla finestra avanti in centro, saluta Louis con ampi gesti.

LOUIS   Lavori domani?
EDDIE   Sí. N'auta jornata su 'dda nave. Ne vedimo, Louis. (*Entra in casa, mentre la luce illumina l'appartamento*).

La luce si spegne sulla strada. Catherine sta facendo cenni di saluto a Louis dalla finestra e si volta verso di lui.

CATHERINE   Ehi, Eddie!
EDDIE (*la cosa gli fa piacere, e quindi ne è un po' intimidito. Appende il berretto e la giacca all'attaccapanni vicino alla porta*)   Dove vai tutta vestita?
CATHERINE (*fa correre le mani sulla gonna*)   L'ho avuta adesso. Come sto?
EDDIE   Non c'è male. Che t'è successo ai capelli?
CATHERINE   Ti piacciono? Ho cambiato pettinatura. (*Chiama verso la cucina*) È arrivato, Be.
EDDIE   Ah bene. Girati, che ti vedo di dietro. (*Lei si volta per farsi vedere da lui*). Se fosse viva tua madre, eh? Non ci crederebbe.
CATHERINE   Come sto, allora, di'!
EDDIE   Sembri una studentessa d'università. Dove devi andare?
CATHERINE   Aspetta, viene Be e te lo dico. Siediti. (*Lo accompagna alla sedia a dondolo. Chiama Beatrice*) Quanto ci metti Be!

EDDIE (*sedendosi*) Ma che succede?
CATHERINE Ti porto una birra, eh?
EDDIE Ma che è successo, dimmi, parla con me.
CATHERINE Niente. Voglio che ci sia Beatrice. (*Gli si siede accanto sui calcagni*) Quanto costa questa gonna: indovina.
EDDIE È un po' corta, non ti pare?
CATHERINE (*si alza*) No! In piedi, che corta!
EDDIE Ma qualche volta, ti siedi, no?
CATHERINE Eddie, cosí vanno, adesso. (*Cammina per fargliela vedere*) Per la strada tu mi devi vedere, capito?
EDDIE E per la strada t'ho vista, e non m'è piaciuto niente.
CATHERINE Perché?
EDDIE Caterina non per essere noioso, ma tu per strada ti dimeni un po' troppo...
CATHERINE Mi dimeno?
EDDIE Non mi fare arrabbiare! Ti dimeni. Le anche! E non mi piace come ti guardano a cominciare dal droghiere e compagnia bella. Con quei tacchi, tachete tachete tachete, quando passi tu si voltano come mulini a vento.
CATHERINE Ma quelli guardano dietro a tutte!
EDDIE Che c'entra. Tu non sei *tutte*!
CATHERINE (*quasi in lacrime perché lui la disapprova*) Ma che ci posso fare? Ma che vuoi che...
EDDIE Be', non t'arrabbiare...
CATHERINE Io non capisco che cosa vuoi da me...
EDDIE Katie: io l'ho promesso a tua madre – sul letto di morte – ho una responsabilità verso di te. Tu sei una bambina, queste cose non le capisci. Per esempio, si fa cosí? alla finestra, a sbracciarsi, a chiamare tutti...
CATHERINE Io salutavo Louis.
EDDIE Senti, so io certe cose di Louis che se le sapessi tu non lo saluteresti piú, guarda.
CATHERINE (*cercando di tramutare in scherzo l'ammonimento*) Ma ce ne fosse uno di cui non sai qualche cosa!
EDDIE (*chiama Beatrice*) Beatrice! Ma che fa quella là dentro. Valla a chiamare, ho delle notizie da darle!

CATHERINE (*facendo per andarsene*) Quali?
EDDIE Sono sbarcati i cugini.
CATHERINE (*battendo le mani*) No! (*Si volta di colpo e parte per la cucina*) Be, i tuoi cugini...

Entra Beatrice dalla cucina, asciugandosi le mani con la tovaglia.

BEATRICE (*incrociando l'urlo di Catherine*) Cosa?
CATHERINE Sono sbarcati! I tuoi cugini!
BEATRICE (*stupita, si volta a Eddie*) Ma quando? dove?
EDDIE È venuto Tony Berelli, stavo staccando: dice, la nave è al North River.
BEATRICE (*ha le mani strette sul petto, in atteggiamento metà di paura, metà di indicibile gioia*) Come stanno, bene?
EDDIE Non li ha visti, sono a bordo ancora. Ma appena scendono li va a pigliare. Dice che verso le dieci saranno qui.
BEATRICE (*va allo sgabello in centro, e siede, quasi smarrita dalla tensione*) E li lasciano scendere? Non gli faranno niente? È sicuro?
EDDIE Che devono fargli? Hanno le carte regolari, da marinai; scendono insieme agli altri. Non ci pensare. Be' è fatta. Tra due ore stanno qui.
BEATRICE Ma cosí presto? Non dovevano arrivare giovedí?
EDDIE Non lo so: li avranno messi nella prima nave che hanno trovato. Forse l'altra che dovevano prendere era troppo pericolosa, chi sa... piangi?
BEATRICE (*è stupefatta e spaventata*) Io... no, è che... non ci credo, ancora! Non ho comprato la tovaglia nuova; dovevo lavare i muri...
EDDIE Per quelli là? Ma gli sembrerà d'entrare in una casa di miliardari! Ti devono accendere una candela, come alla Madonna! Va' a pensare ai muri! (*A Catherine*) Corri a comprare una tovaglia, va'... Corri... (*Fruga in tasca*).
CATHERINE Dove lo trovo un negozio aperto?

EDDIE (*a Beatrice*)   Anche la fodera alla poltrona, dovevi cambiare...
BEATRICE   Chi lo sapeva? Io li aspettavo fra una settimana! I muri, dovevo pulire... la cera ai pavimenti... (*Si alza e resta lí, confusa*).
CATHERINE   La signora Dondero, magari, di sopra... (*Indica in su*).
BEATRICE (*parla della tovaglia*)   Macché, la sua è peggio di questa... (*Di colpo*) Dio mio, e da mangiare? Che gli do da mangiare! Non ho niente! (*Si avvia verso la cucina*).
EDDIE (*l'afferra per il braccio*)   Ehi, là! Pigliatela calma!
BEATRICE   No, adesso mi passa... è il nervoso... (*A Catherine*) Il pesce, gli posso fare...
EDDIE   Ma tu gli salvi la vita, lo vuoi capire, ma che te ne importa della tovaglia? Quelli magari in vita loro non l'hanno mai vista, una tovaglia!
BEATRICE (*lo guarda negli occhi*)   Io penso a te, a te penso!
EDDIE   A me? Che c'entro? Lo sanno dove devono dormire?
BEATRICE   Per terra. La prima cosa che gli ho scritto...
EDDIE   Beatrice, io già lo so, col cuore che hai, per terra ci finiamo io e te, e loro due dormiranno nel nostro letto...
BEATRICE   Ma neanche per sogno...
EDDIE   Perché appena tu vedi un tuo parente, io finisco subito per terra.
BEATRICE   Quando mai t'ho fatto dormire per terra?
EDDIE   Quando bruciò la casa di tuo padre, io non ho dormito per terra?
BEATRICE   Grazie, gli bruciò la casa.
EDDIE   Sí, ma non gli ha continuato a bruciare per due mesi!
BEATRICE   Senti, guarda, ho capito: gli dirò di trovarsi qualche altro posto... (*Si avvia frettolosa in cucina*).
EDDIE   Beatrice! Dove vai! Un momento! (*Lei si ferma. Eddie si alza e va verso di lei*) Io non voglio che se n'ap-

ATTO PRIMO

profittino di te, hai capito? Tu sei troppo buona. (*Le tocca la mano*) Madonna, come sei suscettibile.

BEATRICE Ho paura che se qualche cosa non va bene tu poi te la pigli con me.

EDDIE Senti, se nessuno aprirà bocca, non succederà niente, che deve succedere? La pensione... la pagheranno.

BEATRICE Ah, gliel'ho detto...

EDDIE E allora, che diavolo... (*Pausa. Va dietro la tavola al centro*) È un onore, Beatrice. Sul serio. Proprio mentre venivo a casa pensavo: metti che mio padre non fosse venuto in America, e io stessi a morire di fame laggiú, e avessi qualche parente in America, che mi potesse tenere...? Ma quello sarebbe onorato di darmi un posto dove dormire.

BEATRICE (*ha le lacrime agli occhi. Si volta verso Catherine*) Lo vedi com'è? (*Si volta e prende nelle mani la faccia di Eddie*) Mmmm! Che angelo, che sei! Dio ti benedica! (*Lui sorride grato*). Vedrai, quante benedizioni ti manderà, vedrai.

EDDIE (*ride*) Sí, mi dovrò trovare un letto!

BEATRICE (*a Catherine*) Tesoro, metti in tavola.

CATHERINE Di me insomma non gli abbiamo detto niente.

BEATRICE Facciamolo mangiare prima, e poi glielo diciamo. Porta in tavola. (*Spinge Catherine in fretta in cucina*).

EDDIE (*sedendosi a tavola alla sedia di centro*) Ma cos'è questa storia? Dove devo andare?

BEATRICE In nessun posto. È una bellissima notizia, Eddie. Tu devi essere contento.

EDDIE Be', si può sapere?

Catherine entra dalla cucina, con piatti, forchette.

BEATRICE Ha avuto un impiego.

Pausa.

EDDIE (*guarda Catherine, poi Beatrice*) Che impiego? Deve finire la scuola.

CATHERINE Eddie, tu non ci crederai...
EDDIE No no, tu devi finire la scuola. Ma che impiego, ma che significa? Qui tutt'a un tratto...?
CATHERINE Senti, è una cosa fantastica...
EDDIE Ma che fantastica. Tu non combinerai mai niente se non finisci la scuola. Non puoi prendere un impiego. Ma insomma perché non l'hai domandato a me prima di prendere un impiego?
BEATRICE E adesso, te lo domanda! Non ha preso niente ancora!
CATHERINE Senti un momento! Stamattina vado a scuola, e mi chiama il direttore, capito?, nel suo ufficio...
EDDIE Be'?
CATHERINE Entro e dice: ho visto i suoi voti; hai capito? E c'è una ditta che vuole una ragazza, da assumere subito. Non proprio segretaria, stenografa, ma lei segretaria lo diventa subito. Lei è la prima della classe, dice...
BEATRICE Sentito?
EDDIE Be', va bene, lo so che è la prima...
CATHERINE ... allora, dice, se vuole, può prendere l'impiego e alla fine dell'anno io le faccio passare gli esami e le do il diploma. Cosí risparmio un anno!
EDDIE (*è stranamente nervoso*) Dov'è questo impiego? In che ditta?
CATHERINE È una grossa ditta idraulica a Nostrand Avenue.
EDDIE Nostrand Avenue, e dove?
CATHERINE Vicino all'arsenale.
BEATRICE Cinquanta dollari alla settimana, Eddie.
EDDIE (*a Catherine, sorpreso*) Cinquanta?
CATHERINE Giuro.

Pausa.

EDDIE E tutta la roba che non imparerai quest'anno?
CATHERINE Non ho piú niente da imparare, Eddie, devo far pratica. I simboli li conosco, la tastiera anche. Ormai è questione di velocità. E lavorando sai come miglioro?
BEATRICE Per forza, il miglior studio è la pratica.

Pausa.

EDDIE Sí, ma a me non mi convince.
CATHERINE Come? una grande società come quella...
EDDIE Non mi piace il quartiere...
CATHERINE È a un isolato e mezzo, dice, dalla metropolitana...
EDDIE Un isolato e mezzo! Dalle parti dell'arsenale! Fanno a tempo ad accopparti! E una compagnia idraulica! Cosa credi che siano gli idraulici! Un po' piú che scaricatori!
BEATRICE Sí, ma lei sta negli uffici, Eddie.
EDDIE Ho capito che sta negli uffici, ma non è quello che volevo io.
BEATRICE Senti, questa ragazza dovrà pur lavorare!
EDDIE E tu la mandi in mezzo agli idraulici? Agli stagnai? In una strada piena di marinai cosí? Ma allora che è andata a scuola a fare?
CATHERINE Ma cinquanta alla settimana, Eddie.
EDDIE Chi t'ha mai chiesto un soldo? T'ho tenuta fino adesso, ti posso tenere ancora. Senti, fammi il favore, eh? Io ti voglio mandare fra gente diversa. In un bell'ufficio. A New York, non qua. Un ufficio d'avvocato. In un bel palazzo. È un'altra cosa. Dico io, devi andartene, di qui? E vattene veramente, non che, gira gira, stai sempre allo stesso posto.

Pausa. Catherine abbassa gli occhi.

BEATRICE (*a Catherine, sedendosi alla sinistra della tavola*) Tesoro, va' a prendere la minestra. (*Catherine va in cucina*). Pensaci, Eddie. Per piacere. Lei non vede l'ora di lavorare. Non è un piccolo ufficio, è una grossa società; domani lei diventa segretaria. L'hanno scelta in tutta la scuola. (*Eddie tace, guarda la tovaglia, percorrendone con le dita il disegno*). Ma di che hai paura? Sa fare da sola ormai. Lei scende dalla metropolitana, un salto, e è in ufficio.

EDDIE (*è misteriosamente turbato*)   Conosco il quartiere, Beatrice. Non mi va.
BEATRICE   Non le è successo niente in questo quartiere, non le succederà niente da nessun'altra parte! (*Gli volta il viso verso di lei*) Senti: tu devi abituarti. Non è piú una bambina. Dille di accettare. Mi senti? (*La sua ira monta*) Non ti capisco: ha diciassette anni: la vuoi tenere in casa tutta la vita?
EDDIE (*si sente offeso*)   Ma che razza di stupidaggini dici!
BEATRICE (*con comprensione, ma insistente*)   Scusa, io non capisco quando finirà. Prima: no, deve finire l'avviamento; e ha preso il diploma d'avviamento. Poi: deve imparare da stenografa, e ha imparato da stenografa. Adesso, che aspettiamo? Eddie, davvero certe volte non ti capisco proprio; l'hanno scelta in mezzo a tutta la classe: è un onore per lei.

Catherine entra dalla cucina colla minestra, e, in silenzio, la mette in tavola. Dopo aver guardato un momento la sua faccia, Eddie ha un sorriso, ma quasi sembra che gli stiano salendo le lacrime agli occhi.

EDDIE   Coi capelli cosí sai che sembri una madonna? (*Lei non lo guarda, ma continua a scodellare il cibo nei piatti*). Sicché, vuoi proprio andare a lavorare?
CATHERINE (*piano*)   Sí.
EDDIE (*ha il senso dell'adolescenza, della fanciullezza di lei, e degli anni che passano*)   E va bene, vai. (*Lei lo guarda, poi corre e lo abbraccia*). Ehi, ehi! Piano! (*Le tiene il volto lontano per guardarla*) Ma che, piangi? (*È commosso, ma respinge la commozione col sorriso*).
CATHERINE (*siede al suo posto a destra*)   È che... (*Esplode*) Comprerò tutti i piatti nuovi con la mia prima paga! (*Ridono commossi*). Giuro. Cambierò faccia alla casa. Comprerò un tappeto.
EDDIE   E poi te ne andrai.
CATHERINE   No, Eddie!
EDDIE (*ha un sorriso forzato*)   Perché no? È la vita. Ci

verrai a trovare tutte le domeniche, poi una volta al mese, poi a Pasqua e a Natale.
CATHERINE (*gli afferra il braccio per rassicurarlo e cancellare l'accusa*) Non dire queste cose!
EDDIE (*sorride, ma con pena*) Io ti dico solo questo: non ti fidare di nessuno. Tua zia è una brava donna ma ha il cuore troppo tenero. E tu hai preso da lei. Sta' attenta.
BEATRICE Vai bene cosí, Katie, non gli dar retta.
EDDIE (*a Beatrice, con un risentimento strano e improvviso*) Tu hai vissuto a casa tua tutta la vita: che ne sai tu? Tu non hai mai lavorato.
BEATRICE Lei sta bene con la gente: che male c'è?
EDDIE La gente! Sí, la gente! Prova a lavorare; in mezzo agli stagnai: se non sta attenta, addio Caterina!

Eddie si segna, le donne fanno altrettanto, e cominciano a mangiare.

CATHERINE Prima cosa compro un tappeto?
BEATRICE Fai tu. (*A Eddie*) È tutto il giorno che sento odore di caffè. Scaricate caffè?
EDDIE Sí, una nave brasiliana.
CATHERINE L'ho sentito anch'io. Era pieno il quartiere.
EDDIE Col caffè sí che è un piacere scaricare. Ah io scaricherei ventiquattr'ore su ventiquattro. Scendi nella stiva: un profumo. Che bellezza. Domani apriamo un sacco, te ne porto un po'!
BEATRICE Guarda che non ci siano dentro dei ragni però, eh? (*Si volta, a Catherine*) L'ultima volta me lo ricordo ancora quel ragno che uscí dal pacchetto che mi portò a casa: morta, ero, proprio!
EDDIE Quello lo chiami ragno! E se vedi quelli che escono dalle banane certe volte.
BEATRICE Be', adesso comincia!
EDDIE Ne ho visti certi io, di ragni, che avrebbero fermato una Buick.
BEATRICE Basta, adesso, oh! (*Si mette le mani sulle orecchie*).

EDDIE (*ride, tira fuori l'orologio*)   Chi ha cominciato coi ragni?
BEATRICE   Va bene, scusa, non volevo. Ho detto solo: non ne portare a casa. Che ora è?
EDDIE   Un quarto alle nove. (*Rimette l'orologio in tasca*).

Continuano a mangiare in silenzio.

CATHERINE   Quando li porta Tony, alle dieci?
EDDIE   Circa, sí. (*Mangia*).
CATHERINE   Eddie, e se qualcuno domanda se abitano qui? (*Lui la guarda come se avesse già divulgato qualcosa pubblicamente. Catherine, sulla difensiva*) Ho detto: se.
EDDIE   Oh ma qui, che facciamo, ricominciamo da capo?...
CATHERINE   No, dico... la gente li vedrà entrare e uscire...
EDDIE   Che la gente li veda, che te n'importa, basta che non li veda tu. Mi sono spiegato, Beatrice... Voi non vedete niente e non sapete niente.
BEATRICE   Lo dici a me? Io ho capito.
EDDIE   Tu non hai capito niente: tu credi ancora che ne puoi parlare, con qualcuno, qualche paroletta, cosí... No! Ve lo ripeto un'altra volta a tutte e due – ma che sia l'ultima – se no mi fate venire i nervi. A me non me n'importa niente che qui entrino e tutti li vedano dormire per terra: a me m'importa che dalla vostra bocca non deve uscire mai né chi sono né cosa fanno.
BEATRICE   Sí, ma mia madre lo saprà...
EDDIE   Lo saprà, sí. Ma non devi essere tu quella che glie l'ha detto. Oh! C'è poco da scherzare, qui è il governo degli Stati Uniti, l'ufficio immigrazione – l'hai detto? ah! allora lo sapevi. Non l'hai detto? Allora non lo sapevi.
CATHERINE   Sí, ma Eddie, metti che uno...
EDDIE   Ti domanda qualche cosa? Tu-non-sai-niente. Hanno informatori per tutto il quartiere, li pagano ogni settimana per sapere che succede; li conosci tu? Può esse-

re anche tua sorella. Faccio per dire. (*A Beatrice*) Come Vinny Bolzano. Te lo ricordi Vinny?
BEATRICE   Dio misericordia.
EDDIE   Diglielo, chi era. (*A Catherine*) Che credi, che parlo a vanvera? (*A Beatrice*) Diglielo un po'. (*A Catherine*) Tu eri piccola. C'era una famiglia che abitava vicino a sua madre; lui avrà avuto sedici anni.
BEATRICE   Macché, quattordici, io ero a Santa Agnese quando lui si cresimò. La famiglia nascondeva uno zio in casa, e lui lo denunciò, all'immigrazione...
CATHERINE   Il ragazzo lo denunciò?
EDDIE   Denunciò suo zio!
CATHERINE   Ma era matto?
EDDIE   Quello matto c'è diventato dopo, te lo dico io.
BEATRICE   Fu una cosa terribile. Aveva cinque fratelli e il padre, anziano. L'acchiapparono in cucina, e lo sbatacchiarono giú per le scale, tre piani, con la testa che gli rimbalzava come una palla. Arrivati in strada, gli sputarono addosso, il padre, i suoi fratelli! Tutti piangevano, non se ne poteva piú.
CATHERINE   E come andò a finire?
BEATRICE   È sparito. (*A Eddie*) Io non l'ho piú visto, tu?
EDDIE (*si accinge ad alzarsi, tirando fuori il suo orologio*) Quello? Non lo vedrai mai piú: uno che ha fatto una cosa simile? Ma non ha piú la faccia; come si ripresenta? (*A Catherine, mentre si alza a fatica*) Tu ricordati, ragazzina: fai piú presto a riacchiappare un miliardo di dollari, se te li rubano, che una parola. (*È in piedi ora, e si stira*).
CATHERINE   Va bene. Non dirò una parola a nessuno. Giuro.
EDDIE   Domani piove. Sai come si slitterà, sul molo. Non metti qualche cosa sul fuoco? Fra poco arrivano.
BEATRICE   Ho solo il pesce – se hanno già mangiato che faccio, poi? lo butto via? Aspettiamo; tanto, che ci vuole, due minuti. Lo faccio arrosto.
EDDIE   Allora, tu, eh? Greta Garbo? lunedí, si comincia?
CATHERINE (*è imbarazzata*)   Mah, pare.

Lui è in piedi di fronte alle due donne sedute. Prima Beatrice sorride, poi Catherine: perché egli è in preda a una forte commozione, puerile; e ha una paura presaga, e le lacrime gli spuntano negli occhi – e le due donne sono imbarazzate davanti a questa confessione.

EDDIE (*sorride tristemente, ma in certo modo orgoglioso di lei*) Allora... Spero che tu abbia fortuna. Ti auguro tutte le cose piú belle. Di cuore. Lo sai, no?
CATHERINE (*si alza, cerca di ridere*) Ma non parto mica per la luna!
EDDIE Lo so. Sarà che non ci avevo mai pensato.
CATHERINE A che cosa? (*Sorride*).
EDDIE Che dovevi crescere, un giorno. (*Emette una risata silenziosa, ironica, verso se stesso, tasta il taschino della camicia*) Il sigaro: ah dev'essere nell'altra giacca. (*Si avvia verso la camera da letto*).
CATHERINE Lascia. Te lo prendo io. (*Si slancia verso la camera da letto*).

C'è una breve pausa, ed Eddie si volta verso Beatrice che ha continuato a evitare il suo sguardo.

EDDIE Che ti gira, a te, da un po' di tempo, si può sapere?
BEATRICE Che mi gira? (*Si alza e comincia a sparecchiare*) A me non mi gira niente. (*Prende i piatti, e si volge verso di lui*) A te, che ti gira. (*Si volta e va in cucina mentre Catherine entra dalla camera da letto con un sigaro e un pacchetto di fiammiferi*).
CATHERINE Ecco qua! Te lo accendo io! (*Sfrega un fiammifero e lo accosta acceso al sigaro. Lui tira. Piano*) Sta' tranquillo per me, Eddie. Eh?
EDDIE Attenta che ti bruci. (*Appena in tempo lei soffia sul fiammifero*). Va' ad aiutarla a fare i piatti.
CATHERINE (*si volta rapida verso la tavola, e vedendo la tavola sparecchiata, dice, quasi in colpa*) Oh! (*Si precipita in cucina, e mentre esce...*) Li faccio io i piatti, Be!

Solo, Eddie resta a guardare verso la cucina per un momento. Poi tira fuori l'orologio, lo guarda, lo rimette in tasca. Si avvia verso la sedia a dondolo, contemplando il fumo che gli esce dalla bocca.
Le luci si spengono. Le luci si riaccendono su Alfieri, che è venuto in proscenio, alla sua scrivania.

ALFIERI Era un brav'uomo, per quanto glielo permetteva la vita che faceva, una vita dura e monotona. Lavorava al porto, quando c'era lavoro, portava a casa la paga, e andava avanti. E verso le dieci di quella sera, dopo cena, arrivarono i cugini.

Le luci si spengono su Alfieri e si accendono sulla strada. Entra Tony dal fondo sinistro, precedendo Marco e Rodolfo, ciascuno con un valigiotto. Tony si ferma, e indica la casa. Restano per un momento a guardarla.

MARCO (*è un contadino atticciato, di trentadue anni, sospettoso. Parla piano*) Grazie.
TONY Siete arrivati. Non vi fate vedere troppo, eh? A pianterreno.
MARCO Grazie.
TONY (*indica la casa*) Domani mattina al molo, eh? A lavorare.

Marco annuisce. Tony continua a camminare per la strada, ed esce a destra avanti.

RODOLFO Chista è 'a prima casa dove entro in America! Figurati! Lei diceva che erano poveri!
MARCO Scc! Amoninne! (*Va alla porta dell'appartamento. Bussa*).

Le luci si alzano nella stanza. Eddie va ad aprire la porta. Entrano Marco e Rodolfo, togliendosi i berretti. Beatrice e Catherine entrano dalla cucina. Le luci sulla strada si spengono.

EDDIE   Tu sei Marco? Oh, siete arrivati!

Gli emigranti ridono timidamente.

MARCO (*va da Beatrice*)   Tu sei mia cugina?

Lei fa un cenno, e lui le bacia la mano.

BEATRICE (*dietro la tavola. Toccandosi il petto con la mano*)   Beatrice. Mio marito, Eddie. (*Tutti fanno un cenno*). Catherine figlia di mia sorella Nancy.

I fratelli annuiscono.

MARCO (*indica Rodolfo*)   Mio fratello, Rodolfo. (*Rodolfo annuisce. Marco va con un certo sussiego da Eddie*) Ti vogghio diri subbito, Eddie: quanno tu ci dici via noautri ne nimmo!
EDDIE   Ma no... (*Prende la valigia di Marco*).
MARCO   Vedo che a casa nun è granne, na presto forse co l'aiuto de Dio avremo una casa nostra.

Eddie prende la valigia di Rodolfo.

EDDIE   Siete i benvenuti, Marco, qui c'è abbastanza posto... Katie, da mangiare, eh? (*Va nella stanza da letto con le loro valige*).
CATHERINE   Venite qua. Sedetevi. Vi porto un po' di minestra.
MARCO (*mentre vanno verso la tavola*)   Mangiammo sopra a navi. (*A Eddie, in direzione della camera da letto*) Grazie.
BEATRICE (*a Catherine*)   Fa' il caffè allora. Lo beviamo tutti, il caffè. Sedetevi.

Rodolfo traversa, si siede a tavola, di fronte. Marco si siede alla sinistra.

CATHERINE (*rapita*) Com'è che lui è cosí scuro e tu cosí chiaro, Rodolfo?
RODOLFO (*pronto al riso*) Nu saccio! Diceno che mille anni fa i danesi sono venuti giú in Secelia!

Beatrice bacia Rodolfo. Ridono, mentre Eddie rientra.

CATHERINE È praticamente biondo!
EDDIE A che punto è questo caffè?
CATHERINE (*si riscuote*) Lo faccio subito! (*Si affretta in cucina*).
EDDIE (*va a sedere nella sedia a dondolo*) Il viaggio è stato buono?
MARCO L'oceano è sempe brutto. Ma semo buoni marinai.
EDDIE Nessuno v'ha dato fastidio venendo qua?
MARCO No. Ci ha portato cca un omo. Brava persona!
RODOLFO (*a Eddie*) Dici ca domani cominciamo a lavorari? Possibele?
EDDIE (*ride*) No. Ma finché non li avete pagati, eh, ve ne troveranno di lavoro! (*A Marco*) Mai lavorato al porto in Italia?
MARCO Ao potto? No.
RODOLFO (*sorride della meschinità del suo paese*) Au paese nostro non c'è potto. Una spiaggia. E qualche bacca da pesca.
BEATRICE E che lavoro facevate, lí?
MARCO Chiddo ca capita. Qualunque cosa...
RODOLFO Quacche votta fabbricano una casa, o aggiustano u ponte... Macco fa o mastro e io porto la calce... (*Ride*) Pe o raccotto de arance, quacche jornata in campagna... se ce chiamano. Qualunque cosa!
EDDIE Va male, ancora, là, eh?
MARCO Male, eh, sí!
RODOLFO Malissimo. Tutto o jorno si sta li in piedi no mezzo da piazza, intorno alla fontana. Come picciuni. E tutti aspettano o treno!
BEATRICE Cosa c'è sul treno?

RODOLFO Niente. Ma se i viaggiatori sono molti e hai fortuna, ti guadagni quacche lira spingendo a carrozza in salita.

Entra Catherine dalla cucina e si mette ad ascoltare.

BEATRICE Spingete la carrozza?
RODOLFO (*ride*) Eh già. Cosí si fa al paese nostro. I cavalli al paese nostro, non si reggono in piedi. Cosí se i viaggiatori sono motti, noi aiutiamo a spingere le carrozze. Fino all'albeggo, in cima. (*Ride*) I cavalli ao paese nostro ci stanno pe mostra.
CATHERINE Ma tassí non ce ne sono?
RODOLFO Ce n'è! Uno. Anche quello spingiamo. (*Ride*) Tutto devi spingere ao paese nostro.
BEATRICE (*a Eddie*) Ma hai sentito!...
EDDIE (*a Marco*) Allora che fate, volete stabilirvi qui o pensate di tornare in Italia?
MARCO (*sorpreso*) Tornare in Italia?
EDDIE Hai moglie tu, no?
MARCO Sí, e tre figli.
BEATRICE Tre! Io credevo uno.
MARCO No; sono tre uora. Quattro, cinque e sei anni.
BEATRICE Ahh... Chi sa come piangeranno, eh? che non ti vedono piú...
MARCO Che putivo fari? Il piú granne è malato di petto. Mia moglie, si leva tutto per loro. Se non me n'andavo, quelli morivano. O sole mangiavano?
BEATRICE Dio mio! Allora quanto tempo vuoi restare qua?
MARCO Col vostro permesso, resteremo, forse...
EDDIE Non dice in questa casa, dice in America...
MARCO Ah! forse quattro, cinque, magari, sei anni... credo.
RODOLFO (*sorridendo*) D'a moglie, se fida.
BEATRICE Sí, ma forse puoi fare abbastanza da tornartene prima.
MARCO Magari. No saccio. Dice che è brutto anche qui, eh?

ATTO PRIMO

EDDIE   Per voi no. Finché non avrete pagato. Dopo vi dovrete arrangiare. Ma farete sempre meglio qui che laggiú.
RODOLFO   Quanto? Chi dice una cosa chi ne dice un'autra. Quanto può fare uno cca? Noi lavoramo fotte. Vogliamo lavorare tutto o jorno, tutta a notte!
EDDIE (*tende sempre di piú a rivolgersi al solo Marco*)   Di media, in un anno? Be', circa; è difficile dirlo. Certe volte non batti chiodo. Non c'è una nave, tre o quattro settimane.
MARCO   Tre, quattro settimane!
EDDIE   Ma! secondo me... voi... trenta, quaranta alla settimana, tutti e dodici i mesi dell'anno...
MARCO (*si alza, va da Eddie*)   Dollari?
EDDIE   Certo, dollari.

Marco va da Rodolfo, gli mette una mano sulla spalla e ridono.

MARCO   Se potissimo stare cà quacche mese, Beatrice!...
BEATRICE   Senti, Marco, qui è casa vostra...
MARCO   Perché gli posso mandare qualche cosa di piú se sto qui...
BEATRICE   Ma quanto ti pare, qui hai voglia di spazio...
MARCO (*i suoi occhi mostrano le lacrime*)   Mia moglie... Mia moglie! Voglio mandarle subito una ventina di dollari...
EDDIE   Puoi mandarglieli già la settimana prossima! (*Marco sul punto di piangere gli si accosta, tendendogli la mano. Eddie si alza, va alla destra della tavola*) Non ringraziarmi. Io che c'entro? Scusa, a me, che mi costa? (*A Catherine*) Questo caffè, che fine ha fatto?
CATHERINE   Si sta facendo. (*A Rodolfo*) Sei sposato, anche tu? No.
RODOLFO (*si alza*)   Nooo. Io? Ma va'.
BEATRICE (*si alza, verso Catherine*)   Te l'avevo detto che lui...
CATHERINE   Lo so, ma poteva esser sposato da poco.

RODOLFO Io non ho soldi per sposarmi! Bello sono, ma non ho soldi! (*Ride*).
CATHERINE (*a Beatrice*) È biondo.
BEATRICE (*a Rodolfo*) Anche tu vuoi restare qui?
RODOLFO Io? Sí. Pi sempre io. (*Va da Marco*) Americano, voglio diventare. E voglio tornare in Italia quando sono ricco e mi compro una motocicletta. (*Sorride*).

Marco lo scuote con affetto.

CATHERINE Una motocicletta!
RODOLFO (*va a sinistra della tavola*) Con una motocicletta in Italia, non muori cchiu di fami!
BEATRICE Vi porto il caffè. (*Esce in cucina*).

Rodolfo va a destra davanti alla tavola. Catherine siede dietro la tavola.

EDDIE E che fai con una motocicletta?
MARCO Eh. Sogna lui!
RODOLFO (*a Marco*) Pecché? (*A Eddie*) Messaggi! I signori all'albergo hanno sempre bisogno di uno ca potta i messaggi. Ma svelto, e con motto rumore. Con una motocicletta azzurra, io mi piazzo no cortile dell'abbeggo, e i messaggi, caro mio, viri come fioccano.
MARCO Quanno uno non ha moglie pò sognare.

Eddie fa cenno a Marco di sedersi nella sedia a dondolo.

EDDIE (*siede sullo sgabello in centro*) E a piedi, o in tram, non è lo stesso?

Entra Beatrice dalla cucina, con un vassoio, caffettiera, cinque tazze e piattini, zuccheriera, cucchiaini; passa dietro la tavola, mette il caffè sull'angolo in fondo della tavola.

RODOLFO Eh, no, a macchina ci vuole, a macchina! Tu entri in un grande albergo, e dice: fatturino. Chi ti vede?

ATTO PRIMO

Chi sei? Vai a piedi, non fai rumore, nenti. Quelli pensano: questo non tornerà chiú, magari non porta neanche a lettera. Ma uno che arriva con una macchina, si fa sentére, è quaccuno. E a lui gli li dànno, i messaggi. (*Aiuta Beatrice a disporre il servizio del caffè*) Io saccio cantare magari...
EDDIE Cantare... cantare come?
RODOLFO Cantare, proprio. L'anno scorso s'ammalò Andreola. O baritono. Ho cantato al posto suo, nel giardino dell'albergo. Tre arie ho cantato senza una stecca! Le mille lire che m'hanno jettato dai tavoli: ma piuveva, proprio! Una meraviglia. Sei misi ci campammo con quella serata, vero Macco?
MARCO (*annuisce dubbiosamente*) Du misi.

Eddie ride.

BEATRICE E non potevi avere un posto lí?
RODOLFO Andreola è megghio. Baritono.

Beatrice ride.

MARCO (*a Eddie*) Canta troppo fotte.
RODOLFO Pecché troppo fotte?
MARCO Troppo fotte. Nell'albergo sono tutti inglesi. E non ci piace, troppo fotte.
RODOLFO (*a Catherine*) Nuddo ha ditto mai che canto troppo fotte?
MARCO Ci o dicu io. Era troppo fotte. Appena ha cominciato, ho capito subito che era troppo fotte.
RODOLFO E allora pecché m'hanno jettato tutte dde carta da mille?
MARCO Pa to faccia tosta. Gli inglesi, ci piace, a faccia tosta. Ma una vota, però e basta.
RODOLFO (*a tutti, tranne Marco*) Mai sentito dire a nuddo ca io canto troppo fotte.
CATHERINE Conosci il jazz?
RODOLFO Eh! 'o canto o giazz!
CATHERINE (*alzandosi*) Sai cantare in stile jazz?

RODOLFO   Tutti i stili: siciliano, jazz, romanza, opera! canto Paper Doll... te piace Paper Doll?
CATHERINE   Paper Doll? Moltissimo! Avanti! cantala!

Rodolfo si mette in posizione dopo aver ricevuto l'assenso di Marco, e comincia a cantare con un'acuta voce di tenore. Beatrice siede alla sinistra della tavola. Eddie si alza e si avvia verso il fondo mentre Rodolfo canta.

EDDIE (*interrompendo Rodolfo mentre canta*)   Ehi, ragazzo... ehi, un momento!
CATHERINE (*entusiasta*)   Lascialo finire, è bellissimo. È straordinario, Rodolfo!
EDDIE   Senti ragazzo, non vorrai mica farti beccare subito, eh!
MARCO   No, no. (*Si alza*).
EDDIE   Perché qui non abbiamo avuto mai cantanti... sul piú bello arriva Caruso... insomma, capisci!
MARCO   Sí, sí, basta Rodolfo.
EDDIE (*è diventato rosso*)   Hanno spie dappertutto, Marco. Capito?
MARCO   Sí. Uora basta. (*A Rodolfo*) Zitto, eh?

Rodolfo annuisce.

EDDIE (*con controllo di ferro, e perfino un sorriso. Va da Catherine*)   E tu che fai su quei trampoli? Greta Garbo?
CATHERINE   Non so, stasera, credevo...
EDDIE   Va', va', fammi il piacere, fila! (*Catherine imbarazzata e infuriata va in camera da letto. Beatrice la guarda passare, e si alza, lanciando a Eddie un'occhiata gelida; si sente che solo la presenza degli estranei la trattiene. Beatrice va alla tavola a versare del caffè. Eddie ha una risatina forzata, diretta a Marco, ma anche a Beatrice*) Tutte attrici vogliono diventare qui in America.
RODOLFO   Anche in Italia! Tutte.

Catherine compare dalla camera da letto con le scarpe basse, va verso la tavola. Rodolfo sta alzando una tazza.

ATTO PRIMO

EDDIE (*sta considerando Rodolfo con occhio critico, e malcelato sospetto*) Ah sí, eh?
RODOLFO Sí, specialmente quanno sono accosí bedde!
CATHERINE Ti piace lo zucchero?
RODOLFO Zuccuro? Mi piace assai, o zuccuro!

Eddie è in proscenio, e guarda Catherine che versa un cucchiaino di zucchero nella tazza di Rodolfo; col volto gonfio d'inquietudine; poi la stanza impallidisce.
Le luci si levano su Alfieri, in ribalta destra.

ALFIERI Uno non può mai sapere le cose che scoprirà. Eddie Carbone non si sarebbe mai aspettato di avere un destino. Uno lavora, mantiene la famiglia, gioca a bocce, mangia, invecchia e poi muore. Invece adesso, col passare delle settimane, si profilava un futuro, era cresciuto un tormento che non accennava a sparire.

Le luci impallidiscono su Alfieri, si levano su Eddie, che sta sulla soglia della casa. Beatrice viene giú per la strada. Vede Eddie – gli sorride. Lui guarda dall'altra parte. Lei fa per entrare in casa quando Eddie parla.

EDDIE Sono passate le otto.
BEATRICE Be', è lungo lo spettacolo al Paramount.
EDDIE Che hanno visto, tutti i film di Brooklyn? Ma se ne sta a casa, uno come lui, quando non lavora! Non se ne va in giro a mettersi in mostra.
BEATRICE Che te n'importa? Se la vede lui. Se l'arrestano l'arrestano, e buona notte. Vieni a casa, su.
EDDIE E la stenografia? Non fa piú niente, ha abbandonato tutto.
BEATRICE La riprenderà; questi giorni non ha la testa.
EDDIE A te cosa ti dice?
BEATRICE (*adesso che l'argomento è aperto, gli si avvicina*) Si può sapere cos'hai? È un simpatico ragazzo. Che vai cercando?
EDDIE Simpatico quello? A me, mi fa girare lo stomaco.

BEATRICE (*sorride*) Va', va', che sei geloso.
EDDIE Di *lui*? Dio, mi consideri proprio a terra.
BEATRICE Io non ti capisco. Che avrà di cosí terribile?
EDDIE Ah perché, tu sei contenta? Che se la sposa, e tutto?
BEATRICE Perché? È simpatico, lavora, un bel ragazzo...
EDDIE E canta, sulle navi: lo sai?
BEATRICE Come canta?
EDDIE Canta. Che vuol dire canta? In mezzo al ponte, apre la bocca e ti scodella una canzone, con le mosse e tutto. È un buffone. Lo sai come lo chiamano? Paper Doll lo chiamano. Canarino. Arriva sul molo, uno due e tre, diventa un cinematografo.
BEATRICE Be', è ragazzo ancora, è vivace. Non sa ancora come deve comportarsi.
EDDIE Con quei capelli chiari pare una ballerina!
BEATRICE Be', è biondo: allora?
EDDIE Io spero solo che siano i suoi naturali.
BEATRICE Ma che, sei impazzito? (*Cerca di voltargli la testa verso di lei*).
EDDIE (*tiene la testa voltata*) Perché impazzito? quello lí non mi piace, non mi convince, ecco.
BEATRICE Senti, non hai mai visto un ragazzo biondo in vita tua? E Whitey Balso?
EDDIE (*trionfante*) Certo! ma Whitey Balso non canta! Non si mette a fare la manfrina sulle navi!
BEATRICE Be' si vede che in Italia faranno cosí.
EDDIE E perché non canta suo fratello? Marco si comporta da uomo. E nessuno lo sfotte, Marco. (*Si allontana da lei e poi si ferma. Lei si rende conto che in lui c'è una convinzione ormai radicata*). Ti dico la verità, mi fa specie di dovertele dire a te certe cose. Mi fa specie proprio, Beatrice.
BEATRICE (*va da lui decisa, stavolta*) Be', insomma, che vuoi fare?
EDDIE Niente, voglio fare, ma neanche me ne sto a guardare. Tante fatiche per darla a quel cantastorie? Giuro Beatrice, mi fa specie di te; io aspetto che tu apri gli occhi, e invece sembra che tutto sia regolare per te.

ATTO PRIMO

BEATRICE   Tutto regolare? per me?
EDDIE   Ah no?
BEATRICE   Io ho altri guai.
EDDIE   Sí. (*È già un po' smontato*).
BEATRICE   Sí, e vuoi che te li dica?
EDDIE (*in ritirata*)   Quali sarebbero, questi guai?
BEATRICE   Quando tornerò a essere tua moglie, Eddie?
EDDIE   Non sto bene. Da quando sono arrivati loro non sono piú io.
BEATRICE   Sono piú di tre mesi che non sei piú tu. E loro sono arrivati da poco piú di due settimane. Sono piú di tre mesi, Eddie.
EDDIE   Non lo so, Beatrice; non ne voglio parlare.
BEATRICE   Ma dimmi, cos'è, non mi puoi piú vedere?
EDDIE   Ma che c'entra: t'ho detto che non sto bene.
BEATRICE   Dimmi: ho fatto qualche cosa che non ti piace? Dimmelo!
EDDIE (*tenta di parlare. Pausa. Poi...*)   Non posso. Non posso parlarne.
BEATRICE   Ma mi devi dire che cosa c'è.
EDDIE   Non ho niente da dire! (*Sta in piedi un momento, guarda fuori, si volta per entrare in casa*) Mi passerà, Beatrice, non mi stare alle costole, eh? Sono in pensiero per lei.
BEATRICE   La ragazza? Compie diciott'anni. È la sua ora.
EDDIE   Ma quello la prende in giro, Beatrice!
BEATRICE   E va bene! Se la sbrigherà lei. Ma che, la vuoi tenere a balia fino a cinquant'anni? Eddie, tu la devi smettere, adesso! La devi piantare, hai capito? Non mi piace, hai capito?
EDDIE   Faccio due passi. Torno subito.
BEATRICE   Se li aspetti per strada non è che arrivano prima. E non è bello, Eddie.
EDDIE   Vai, vai, vengo subito. (*Si avvia a destra*).

Lei entra in casa. Eddie guarda verso il fondo della strada, vede arrivare Mike e Louis – va in fondo a destra e siede sulla ringhiera di ferro. Louis e Mike entrano.

LOUIS   Che fai, vieni a bocce stasera?
EDDIE   Troppo stanco. Vado a letto.
LOUIS   E i due clandestini?
EDDIE   Stanno bene.
LOUIS   Vedo che lavorano a rotta di collo.
EDDIE   Lavorano sí.
MIKE   Pecché non facciamo cosí anche noi? Ne niemo, dall'Amereca, e poi torniamo clandestini. E poi vedi come o trovamo u lavoru!
EDDIE   Eh come no!
LOUIS   Eh ma dico io! Ma che roba, insomma! Eh?
EDDIE   Sicuro.
LOUIS (*siede sulla ringhiera accanto a Eddie*)   Cetto che quei due ti devono la medaglia.
EDDIE   A me? Che ho fatto? Niente. Non mi costano niente.
MIKE   Il piú grasso iè come un bue. L'ho visto l'autro jorno che azzava caffè sulla Matson Line. Se quello non lo tieni te careca una nave tutta lui.
EDDIE   Eh, è forte, quello. Era un colosso, il padre, dicono...
LOUIS   E se vede. Iè un carro armato, iè!
MIKE (*abbozza un sorriso*)   L'autro, il biondo... (*Eddie lo guarda*) ... quello poi è uno spasso...

Louis ridacchia.

EDDIE (*cercando*)   Già, è spiritoso...
MIKE (*comincia a ridere*)   Non proprio spiritoso, ha certe uscite! Ma unné e va a trovari! Dove arriva lui, tutti allegri...

Louis ride.

EDDIE (*imbarazzato, un sorriso forzato*)   Eh già... tutto da ridere...
MIKE (*ridendo*)   Ma cette uscite, io non lo so, ma come fa, eh?

ATTO PRIMO

EDDIE Eh già, ma è ragazzo... è proprio... ragazzo...
MIKE (*infervorato, con Louis*) Ma basta che lo guardi, ti viene da ridere. Eh! (*Louis ride*). Ho lavorato con lui una giornata l'autra settemana alla Moore MacCormick: ma non te poi immagenare! una comeca!

Louis e Mike scoppiano a ridere.

EDDIE Perché? che faceva?
MIKE Non lo so... iera uno spasso. Non è che te ricordi quello ca dice, ma iè come o dice, capito... roba che... non lo so appena te guarda tu ridi!
EDDIE Già. (*Turbato*) Eh già, tutto da ridere.
MIKE (*rimettendosi*) Eh sí.
LOUIS (*si alza*) Be', ne vedimo, Eddie.
EDDIE Statevi bene.
LOUIS Sí, ne vedimo.
MIKE Se tu vuoi fari una partita noautri semo a Flatbush Avenue.

Ridendo, se ne vanno verso la strada a sinistra, di dove stanno venendo Rodolfo e Catherine di ritorno. Le risate dei due operai rimontano di volume quando vedono Rodolfo, il quale senza capire perché si unisce al coro. Eddie si avvia a entrare in casa mentre Louis e Mike escono in fondo a sinistra.

CATHERINE (*lo ferma sulla porta*) Eddie! Abbiamo visto un film! Che risate!
EDDIE (*non può fare a meno di sorridere al vederla*) Dove?
CATHERINE Al Paramount. Era con quei due tipi, sai? Quello...
EDDIE Quale Paramount? A Brooklyn?
CATHERINE (*con una punta di rabbia, imbarazzata davanti a Rodolfo*) A Brooklyn, sí! T'ho detto che a New York non andavamo.
EDDIE (*ritirandosi di fronte alla minaccia dell'ira di lei*) Niente. Ho fatto una domanda. (*A Rodolfo*) Non voglio che vada a Times Square: lí è pieno di puttane.
RODOLFO Me piacerebbe andare a Broadway, una vota,

Eddie. Passeggiare con lei dove stanno tutti i teatri, e l'opera. L'ho vista tante vote in cartolina. Bella dev'essere: tutte 'dde luci.

EDDIE (*la sua poca pazienza sta svanendo*) Io le devo parlare un momento. Vai dentro, Rodolfo.

RODOLFO Avimo passeggiato pi li stradi. Lei m'insigna...

CATHERINE Sai che gli sembra strano? Che non ci siano fontane, a Brooklyn.

EDDIE (*sorride involontariamente*) Fontane?

Rodolfo sorride della propria ingenuità.

CATHERINE ... Dice che in Italia ci sono in tutti i paesi, e lí tutti si incontrano. E, poi, un'altra cosa: dice, che hanno gli aranci sugli alberi; e i limoni, te lo immagini, sugli alberi! Ma è pazzo di New York!

RODOLFO (*tenta di familiarizzare*) Eddie, non è possebele andare una vota a Broadway?...

EDDIE Senti, io le devo dire una cosa...

RODOLFO Forse potete venire anche voi. Voglio vedere tutte 'dde luci. (*Vede che sul volto di Eddie non c'è reazione. Dà un'occhiata a Catherine, poi si allontana sulla strada, montando la rampa e uscendo in fondo a sinistra*).

CATHERINE Eddie, perché non gli parli? Non sai cosa farebbe lui per te, e tu non gli parli.

EDDIE (*la avvolge con gli occhi*) Non so cosa farei per te, e tu non mi parli. (*Tenta di sorridere*).

CATHERINE Io non ti parlo?... (*Gli dà un colpo sul braccio*) Ma cosa dici?

EDDIE Non ti vedo quasi piú. Torno a casa e non ci sei mai: sempre in giro...

CATHERINE Sai com'è, lui vuol vedere tutto, e allora... Sei arrabbiato con me?

EDDIE No. (*Si allontana da lei, sorridendo tristemente*) Venivo a casa, e ti trovavo. Adesso, da un giorno all'altro, sei cresciuta, non so piú come ti devo parlare...

CATHERINE Perché?

EDDIE Non so, corri di qua, di là. Non mi dài piú retta.

ATTO PRIMO

CATHERINE (*andando verso di lui*)   Come non ti do retta? Perché non mi dici la verità, non ti piace, lui?

Breve pausa.

EDDIE (*si volta verso di lei*)   A te piace, Katie?
CATHERINE (*arrossendo leggermente, ma senza cedere*)   Sí. Mi piace.
EDDIE (*il sorriso gli svanisce*)   Ah, ti piace.
CATHERINE (*abbassa gli occhi*)   Sí. (*Adesso lo guarda per vedere le conseguenze, sorridendo, ma inquieta. Lui la guarda come un ragazzo smarrito*). Ma cos'hai contro di lui? Non capisco. Lui farebbe chi sa che cosa per te.
EDDIE (*si volta*)   Ma che farebbe, Katie!
CATHERINE   Ma sí. Tu sei come un padre per lui.
EDDIE (*si volta verso di lei*)   Katie.
CATHERINE   Cosa, Eddie?
EDDIE   Lo vuoi sposare?
CATHERINE   ... Non lo so. Siamo solo andati un po' a spasso insieme, e basta. (*Si volta verso di lui*) Cos'hai contro di lui, Eddie? Ti prego, dimmelo.
EDDIE   Non ti rispetta.
CATHERINE   Perché?
EDDIE   Katie... se non eri orfana, non doveva andare da tuo padre a chiedergli il permesso, prima di scarrozzarti a destra e a sinistra?
CATHERINE   Be', avrà pensato che non ci tenevi.
EDDIE   Lo sa che ci tengo, ma lui se ne infischia che ci tengo, non lo vedi?
CATHERINE   No, Eddie, mi tratta con tutto il rispetto! E anche te! ti assicuro. Quando traversiamo la strada mi prende il braccio, sembra quasi che mi fa l'inchino...
EDDIE   Lui l'inchino lo fa solo al suo passaporto!
CATHERINE   Al passaporto!
EDDIE   Sissignora. Lo sai che se ti sposa ha diritto a diventare cittadino americano? Questo è quello che sta succedendo qua! (*Lei è interdetta e meravigliata*). Lui cerca un passaggio, hai capito? Cerca di restare. Questo è quello che lui cerca.

CATHERINE (*addolorata*) Oh no! Eddie, no non ci credo.
EDDIE Non ci credi! Ma che vuoi che mi metta a piangere davanti a te? È uno che lavora quello? Cosa ne ha fatto dei primi soldi? Si è comprata la giacchetta nuova all'ultima moda, i dischi, le scarpe a punta, e i figli di suo fratello muoiono di tubercolosi laggiú! Ma cara, quello oggi ti piglia domani ti lascia, ha le luci di Broadway in testa, quello – è uno che non pensa che a se stesso! Sposalo, e poi te n'accorgi: lo rivedi il giorno del divorzio.
CATHERINE (*fa qualche passo verso di lui*) Eddie, non m'ha mai parlato di carte o di...
EDDIE Ah perché proprio a te, dovrebbe venirtelo a dire?...
CATHERINE Ma io sono sicura che non ci pensa neanche!
EDDIE Non ci pensa? Ma a che deve pensare? A che può pensare, d'altro? Quello da un giorno all'altro lo arrestano, e si ritrova a spingere le carrozze su per la salita!
CATHERINE No, non ci credo.
EDDIE Katie, non mi dare questo dolore, senti qua...
CATHERINE Non voglio sentire.
EDDIE Katie, senti...
CATHERINE Lui mi vuole bene.
EDDIE (*profondamente agitato*) Non lo dire, Cristo! Non la ripetere, questa bestemmia! è la truffa piú vecchia di questo paese...
CATHERINE (*disperatamente, come se le parole di lui avessero lasciato traccia*) Io non ci credo! (*Si avvia di corsa in casa*).
EDDIE (*seguendola*) ... dacché c'è l'America, dacché c'è l'Ufficio Immigrazione, non fanno altro! Pigliano una ragazza, che non sa niente, e la...
CATHERINE (*singhiozzando*) Io non ci credo. Basta, basta! Non voglio piú sentire niente!
EDDIE Katie! (*Entrano nell'appartamento. Le luci si sono alzate sul soggiorno e scoprono Beatrice, la quale guarda, oltre la singhiozzante Catherine, Eddie, che in presenza di sua moglie fa un goffo gesto di comando, assurdo. Indicando Catherine*) Ma perché non le raddrizzi un po' il cervello tu!

ATTO PRIMO 41

BEATRICE (*è internamente infuriata dalla passione prorompente di lui, che la allarma violentemente*)   E tu quando la lascerai in pace!
EDDIE   Be', quel ragazzo è un poco di buono!
BEATRICE (*va su tutte le furie, atterrita*)   La vuoi lasciare in pace? Sí o no! O vuoi farmi impazzire? (*Lui si volta, tentando di conservare la sua dignità, ma con aria colpevole esce di casa, nella strada, e via da sinistra in fondo. Catherine si avvia verso la camera da letto*). Senti, Caterina. (*Catherine si ferma, si volta verso di lei passivamente*). Che cosa vuoi fare, tu, veramente?
CATHERINE   Non lo so.
BEATRICE   Non mi dire non lo so! non sei piú una bambina! Che vuoi fare, della tua vita?
CATHERINE   Ma lui non vuole ascoltarmi!
BEATRICE   Io non capisco piú niente, Catherine. Non è tuo padre! Io non capisco che cosa sta succedendo qua dentro.
CATHERINE (*tentando di razionalizzare un impulso nascosto*)   Ma che posso fare? gli do un calcio e me ne vado via?
BEATRICE   Senti, cara, tu ti vuoi sposare o non ti vuoi sposare? Di che cosa hai paura?
CATHERINE (*piano, tremando*)   Non lo so. Lui è tanto contrario, e mi pare cosí brutto.
BEATRICE (*senza mai perdere il senso d'allarme che si è risvegliato in lei*)   Cara, siediti. Ti voglio dire una cosa. Siediti qua. È mai successo che qualcuno gli sia andato, a lui, per te? È mai successo?
CATHERINE   Ma dice che Rodolfo lo fa solo per avere le carte...
BEATRICE   Lui può dire quello che vuole, tanto, che glie ne importa? Venisse anche un principe, qui, a chiederti la mano, lui farebbe lo stesso. Questo, lo sai, sí?
CATHERINE   Eh, sí, mi pare.
BEATRICE   E questo cosa vuol dire?
CATHERINE (*lentamente volta la testa verso Beatrice*)   Cosa?
BEATRICE   Vuol dire che ormai devi pensare a te. Tu ti

comporti ancora come una bambina, tesoro mio. Ma renditi conto che nessuno può piú decidere le cose al posto tuo. E tu devi fargli capire che non può piú darti ordini.
CATHERINE Sí, ma come faccio? Mi tratta sempre come una bambina...
BEATRICE Perché tu ti fai trattare come una bambina! Quante volte te l'ho detto: non fare cosí, non fare cosí. Tu gli giri davanti per casa ancora in sottoveste...
CATHERINE Be', mi dimentico.
BEATRICE Non puoi. Ti metti a sedere sulla vasca da bagno e parli con lui mentre è in mutande a farsi la barba.
CATHERINE Quando?
BEATRICE Stamattina. T'ho vista io.
CATHERINE Ah, be', dovevo dirgli una cosa.
BEATRICE Ho capito, tesoro mio. Ma se tu fai sempre cosí lui come vuoi che ti tratti? da bambina. Come certe volte, lui torna a casa, e tu gli salti al collo come quando avevi dodici anni...
CATHERINE È il piacere di vederlo, sono contenta...
BEATRICE Ma io tesoro mio, non ti sto a dire quello che devi fare e quello che non devi fare... ma...
CATHERINE E no, anzi, Be, me lo devi dire... Che confusione nella testa... Vedi io... è cosí triste questi giorni, mi fa tanta pena...
BEATRICE Sta' attenta, Katie: ti fa pena, ti fa pena, e poi finisci col far la muffa qua dentro, diventi una vecchia zitella...
CATHERINE No!
BEATRICE Scherzaci tu! Quante volte ho cercato di dirtelo quest'ultimo anno. Perché secondo te ero cosí contenta che andavi a lavorare? Almeno uscivi di qua dentro, cominciavi a farti una vita tua, indipendente! Per forza. È molto bello volersi bene tutti quanti in una famiglia, ma tu ormai sei una donna fatta, e vivi in casa con un uomo di una certa età. Mi prometti di comportarti diversamente, eh?
CATHERINE Va bene. Mi ricorderò.
BEATRICE Perché non dipende solo da lui, Katie, capisci? Io a lui questo gliel'ho detto...

CATHERINE (*rapida*) Che cosa?
BEATRICE Di lasciarti andare. Ma capisci, se glielo dico io, crede che gli faccia una scenata, che sono gelosa, o che, capito?
CATHERINE (*allibita*) T'ha detto che sei gelosa?
BEATRICE No: sto dicendo: lo può credere. (*Tende una mano verso quella di Catherine, e con un sorriso forzato*) Tu cosa credi, che sono gelosa di te?
CATHERINE No! Non m'è mai neanche passato per la testa!
BEATRICE (*con una risata calma e triste*) Eh, tesoro mio, poteva anche passarti per la testa. Ma non sono gelosa. Tutto s'aggiusterà. Basta che tu glielo fai capire! non c'è bisogno di tanto chiasso; tu sei... insomma è tanto chiaro... sei diventata donna, hai il tuo ragazzo che ti piace, e è arrivato il tempo di dirsi addio. È giusto?
CATHERINE (*stranamente commossa dalla prospettiva*) È giusto... Se ci riuscirò...
BEATRICE Tesoro mio devi... devi riuscirci.

Catherine avverte ora un'esigenza imperiosa, e si volge con qualche paura, col senso di una rivelazione, a Beatrice. È in procinto di piangere come se un mondo familiare le fosse crollato.

CATHERINE Va bene.

Le luci si spengono sulla stanza e si levano su Alfieri, illuminandolo mentre è seduto alla scrivania.

ALFIERI In quel tempo venne da me la prima volta. Io avevo patrocinato suo padre in una causa di infortunio, qualche anno prima, e conoscevo superficialmente la famiglia. Lo ricordo adesso, entrare nel mio ufficio (*entra Eddie scendendo la rampa di destra*) gli occhi come due gallerie nere – lí per lí pensai che avesse assassinato qualcuno (*Eddie entra, si siede accanto alla scrivania, col berretto in mano, e guarda fuori*) ma poi m'accorsi che era soltanto passione, una passione che era entrata in lui come una straniera. (*Alfieri fa una pausa, abbassa gli occhi sulla scrivania, li rialza su Eddie, come se iniziasse una conversazione con lui*) Non vedo proprio che posso fare per te. C'è qualcosa che riguarda la legge in tutto questo?

EDDIE   Sono io che lo domando a voi.
ALFIERI   Perché non c'è niente d'illegale nel fatto in sé di una ragazza che s'innamora di un emigrante.
EDDIE   Sí, ma se lui lo fa solo per avere le carte?
ALFIERI   Prima di tutto non lo sai...
EDDIE   Lo porta scritto in faccia; quello sfotte lei, sfotte me.
ALFIERI   Eddie, io faccio l'avvocato, io mi occupo solo di cose provabili. Lo capisci questo, sí? Me lo puoi provare?
EDDIE   Io glielo leggo nel pensiero, signor Alfieri!
ALFIERI   Eddie, anche se tu lo potessi provare...
EDDIE   Sentite... mi volete stare a sentire? Mio padre diceva sempre che voi siete un avvocato in gamba. Oh, e mi dovete sentire.
ALFIERI   Eddie, io sono soltanto un uomo di legge...
EDDIE   Mi state a sentire un minuto? Io di legge vi parlo. Adesso vi dico, cosí capite. Uno, che entra illegale in America, è giusto o no che tutti i soldi che piglia li metta nella calza? perché il giorno dopo non sa se sarà vivo o morto – faccio per dire: giusto?
ALFIERI   Giusto.
EDDIE   Lui spende. I dischi, s'è comprato, adesso. Scarpe. Giacche. Mi spiego? Non ha nessuna paura. Lui ormai è qui: e chi se ne va? Quindi lui s'è ficcato in testa che deve restare – giusto?
ALFIERI   Be'? e con questo?
EDDIE   Oh. Sta bene. (*Guarda prima Alfieri poi a terra*) Io vi parlo in confidenza.
ALFIERI   Certo.
EDDIE   Diciamo, questo che dico resta qui. Perché mi secca di dire certe cose di una persona. Questo come lo dico a voi non l'ho detto neanche a mia moglie.

ATTO PRIMO

ALFIERI Di che si tratta?
EDDIE (*prende fiato, e si getta un'occhiata dietro le due spalle*) Il ragazzo non è regolare, signor Alfieri.
ALFIERI Cosa intendi dire?
EDDIE Non è regolare.
ALFIERI Non afferro.
EDDIE (*si sposta sulla sedia*) Gli avete mai dato un'occhiata?
ALFIERI No, non ricordo, no.
EDDIE È un biondo. Come... platino. Mi spiego?
ALFIERI No.
EDDIE Per esempio: Voi chiudete il giornale troppo svelto, lo spettinate tutto.
ALFIERI Be', questo non significa...
EDDIE Un momento, fatemi parlare. Questo canta. Canta... come dico? canta bene... ma delle volte, fa una nota... eh? che uno si volta! capito? acuta! – non so se... capito? Insomma: voi entrate in casa, e non sapete chi canta – ma voi non cercate lui, cercate lei!
ALFIERI Sí, ma questo non...
EDDIE Non è finita, aspettate un momento: abbiate pazienza, signor Alfieri. Io scarico tutto qua, i miei pensieri. L'altra sera mia nipote tira fuori un vestito che ormai le sta stretto, quest'anno è venuta su quella figliuola come un fiore. Lui piglia il vestito, lo stende sulla tavola, taglia, cuce, un due e tre, ha fatto un vestito nuovo. Era tutto felice, capito? Un angelo. Tirava i baci. Un angelo pareva.
ALFIERI Senti Eddie, guarda...
EDDIE Signor Alfieri, tutti al porto gli ridono dietro. Io non so dove mettere la faccia. Paper Doll, lo chiamano. Biondina. Il fratello dice che è perché ha comunicativa – e magari l'avrà anche comunicativa – ma la gente non ride per quello. Nessuno s'azzarda a dirlo, perché è mio parente, e vorrei vedere che qualcuno dice qualche cosa! guai! ma io lo so perché ridono, e quando penso che uno cosí le ha messo le mani addosso – ma io!... mi mangio il fegato, signor Alfieri, perché per quella ragazza ho fatto tanto, e adesso questo mi entra in casa...

ALFIERI   Eddie, guarda: anch'io ho figli. E ti capisco. Ma la legge è molto specifica. La legge non...

EDDIE (*con un'ondata d'indignazione piú robusta*)   Ma cosa volete dirmi, che non c'è una legge che uno che non è regolare può andare a lavorare e sposare una ragazza e...

ALFIERI   Non puoi ricorrere alla legge, Eddie!

EDDIE   Ma se quello non è regolare, signor Alfieri! Voi non potete dirmi...

ALFIERI   Per te non c'è niente da fare, Eddie, credi a me.

EDDIE   Niente?

ALFIERI   Niente nel modo piú assoluto. C'è un'unica questione legale, qua.

EDDIE   Cioè?

ALFIERI   Il modo del loro ingresso in America. Ma non credo che di questo tu ti voglia impicciare.

EDDIE   E cioè...

ALFIERI   Be', sono entrati illegalmente...

EDDIE   Ah, no, Gesú, no, questo non lo farei mai.

ALFIERI   Bene. Adesso parlo io, eh?

EDDIE   Non ci posso credere a quello che dite voi, signor Alfieri. Qualche cosa ci dev'essere, una legge, una...

ALFIERI   Eddie, voglio che tu m'ascolti. (*Pausa*). Tu lo sai certe volte Domineddio confonde un po' la gente. Tutti vogliamo bene a qualcuno: alla moglie, ai figli... ognuno ha qualcuno a cui vuol bene: d'accordo? Ma certe volte... ce n'è troppo di bene. Capito. Ce n'è troppo e va dove non deve andare. Un uomo lavora duro, cresce una bambina, qualche volta una nipote, qualche volta è perfino una figlia, e a poco a poco, senza che lui se n'accorga, cogli anni – c'è troppo amore per questa figlia, troppo amore per questa nipote. Lo capisci cosa ti sto dicendo?

EDDIE (*sardonicamente*)   Che vuol dire, che io non dovrei piú preoccuparmi del suo bene?

ALFIERI   Sí, ma queste cose hanno un fine, Eddie, questo vuol dire. La bambina deve crescere e andarsene, e l'uomo deve imparare a dimenticare. Perché poi, Eddie, in quale altra maniera può andare a finire? (*Pausa*). Lasciala andare. Questo è il mio consiglio. Il tuo dovere l'hai fatto, adesso la vita è sua, appartiene a lei; falle i tuoi auguri e lasciala andare. (*Pausa*). Fallo, su. Perché la legge non c'entra. Eddie: mettitelo in testa: la legge qui non ha niente a che fare.

EDDIE Ah, niente? Ah, perché per voi, anche se è un bastardo, se è un...

ALFIERI Non c'è niente che tu possa fare.

EDDIE Be', va bene, grazie. Grazie tante, e buona sera.

ALFIERI Che farai, allora?

EDDIE (*con un gesto impotente ma ironico*) Cosa posso fare? Sono un disgraziato, che può fare un disgraziato? Ho lavorato vent'anni come un cane, per farla avere a quel bastardo: che altro ho fatto? Ma nei tempi peggiori, capito, neri; quando nel porto non entrava una nave... io non me ne stavo a aspettare il sussidio, io partivo: quando non c'era niente a Brooklyn me n'andavo a Hoboken, e se no a Staten Island, nel West Side, nel Jersey, dovunque... perché? perché avevo una promessa da mantenere. Mi sono levato il pane per lei, l'ho levato a mia moglie. Quanti giorni ho girato per New York con lo stomaco che mi ballava! (*Il dolore comincia a schiantarlo*) E adesso, me ne devo stare con le mani legate in casa mia a vedere un bastardo figlio di troia come quello! che è arrivato qua nudo! gli ho dato la mia casa per dormire! le coperte del letto mi sono levate per lui! e questo piglia e le mette le sue sporche mani addosso come un lurido ladro!

ALFIERI (*si alza*) Ma Eddie, ormai lei è una donna.

EDDIE Proprio a me, me la viene a rubare!

ALFIERI Lei vuole sposarsi, Eddie, non può sposare te, no?

EDDIE (*furioso*) Ma che diavolo dite – sposare me – io non capisco... che diavolo state dicendo?

Pausa.

ALFIERI Io t'ho dato il mio consiglio, Eddie. Non so altro.

EDDIE (*si tira su. Pausa*) Be', grazie. Grazie tante. No, è che... mi si spezza il cuore... è proprio una...
ALFIERI Ti capisco. Ma levatelo dalla testa. Vedi un po' se ci riesci, eh?
EDDIE No, io non... (*Sotto la minaccia di singhiozzi fa un impotente gesto d'addio*) Ci vediamo, avvocato. (*Esce dalla rampa di destra*).
ALFIERI (*siede alla scrivania*) Ci sono delle volte che uno vorrebbe dare l'allarme: ma non è successo niente. Io lo sapevo, in quello stesso momento avrei potuto concludere tutta la faccenda quello stesso pomeriggio. Perché non era che ci fosse un mistero da dipanare: io vedevo il futuro arrivare passo per passo, un passo dopo l'altro, come una figura oscura che avanza per un corridoio diretta verso una certa porta. Io sapevo che lí sarebbe arrivato, che lí sarebbe finito, lo sapevo. E passai molti pomeriggi a domandarmi come mai, io con tutta la mia intelligenza ero cosí impotente a fermarlo. Andai perfino da una certa signora del vicinato, una vecchia signora molto saggia, e le dissi tutto e lei non fece che scuotere il capo e rispondere: «pregate per lui». E cosí io... (*siede*) rimasi qui, ad aspettare.

Mentre le luci si spengono su Alfieri, si alzano sull'appartamento dove tutti stanno finendo il pranzo. Beatrice sparecchia la tavola. Eddie è seduto dietro la tavola, Marco a destra, e fuma una pipa. Catherine è seduta in proscenio a destra con Rodolfo disteso sul pavimento ai suoi piedi: Rodolfo sfoglia un settimanale popolare di cinenovelle.

CATHERINE Lo sai dove sono andati? In Africa, una volta. Su una barca da pesca. (*Eddie la guarda*). È vero, Eddie.

Beatrice va in cucina coi piatti.

EDDIE Non ho detto niente in contrario. (*Va alla sua sedia a dondolo, prende un giornale*).

ATTO PRIMO

CATHERINE E io non sono stata neanche a Staten Island.
EDDIE (*sedendo col giornale nella sua sedia*) Non hai perduto niente. (*Pausa. Catherine porta dei piatti in cucina*). Quanto ci vuole, Marco? da voi a andare in Africa?
MARCO Oh... du jornate. Dappertutto, andiamo.
RODOLFO (*alzandosi*) In Jugoslavia, siamo arrivati, una vota.
EDDIE (*a Marco*) Pagano bene su quelle barche?

Entra Beatrice dalla cucina. Lei e Rodolfo ammucchiano i rimanenti piatti.

MARCO Si la pisca è bona pagano discretamente. (*Va a destra, siede sullo sgabello*).
RODOLFO Sono bacche di proprietà. Nessuno era proprietario in famiglia nosta. Lavoravamo solo quanno uno delle altre famiglie iera malato.
BEATRICE Marco: io non capisco una cosa: con tutto il mare pieno di pesci, voi morivate di fame?
EDDIE Se non hai le barche, le reti? Ci vogliono i soldi.

Catherine entra dalla cucina.

BEATRICE Sí, ma non potrebbero pescare dalla riva, come fanno lí a Coney Island?
MARCO Le sardelle.
EDDIE Eh già. (*Ride*) Come le peschi le sardine, con la lenza?
BEATRICE Ah, sardine. Non lo sapevo. (*A Catherine*) Già. Sardine.
CATHERINE Sí, le seguono per tutto il mare, l'Africa, la Jugoslavia... (*Siede nella sedia a destra della tavola, immergendosi in un settimanale illustrato*).

Rodolfo la raggiunge, sedendo nella sedia dietro la tavola.

BEATRICE (*a Eddie*) È strano. È vero, uno non ci pensa che le sardine nuotano nel mare. (*Esce in cucina coi piatti*).

CATHERINE Eh già. È come le arance e i limoni sugli alberi. (*A Eddie*) Eh? Ci pensi mai tu che gli aranci e i limoni stanno sugli alberi?
EDDIE Già. Uno non ci pensa. (*Entra Beatrice dalla cucina. Eddie a Marco*) Ho sentito dire che le dipingono le arance per farle parere arance.
MARCO Le dipingono? (*È distratto dalla lettura di una lettera che ha tratto dalla giacca*).
EDDIE Sí, dice che cosí naturali sono verdi...
MARCO No, in Secelia le arance sono arance...
RODOLFO I limoni sono veddi.
EDDIE (*seccato della lezione*) Lo so che i limoni sono verdi, eh, Cristo! non li vedo anch'io dal fruttivendolo, che certe volte sono verdi? Io ho detto che le arance le dipingono. Non ho detto niente dei limoni.
BEATRICE (*stornando la loro attenzione. Siede alla sedia a sinistra della tavola*) Tua moglie li ha poi avuti i soldi, Marco?
MARCO Ah sí. Ha comprate le medicine per mio fighio.
BEATRICE Ah, magnifico. È un sollievo per te, eh?
MARCO Eh sí, ma mi sento solo.
BEATRICE Speriamo che non ti succeda come a certi che conosco. È venticinque anni che stanno qua, e ancora non sono riusciti a tornare a casa due volte.
MARCO Eh, lo so. Dalle parti mie è pieno di fighi che non hanno visto mai il padre. Ma io a casa ce torno. Atri tre, quattro anni.
BEATRICE Forse non dovresti mandarle tutto. Perché magari lei pensa che tu li fai con facilità, e finirai che non avrai mai niente da parte.
MARCO No, lei li risparmia. Io mando tutto a lei. Mia mogghie, sta proprio sola. (*Sorride timidamente*).
BEATRICE Brava dev'essere. E carina, anche, eh?
MARCO (*arrossendo*) Be', no, ma è una che comprenne tutto.
RODOLFO Sua moglie! a posto iè!
EDDIE Chi sa quante sorprese troveranno, quelli che tornano, eh?
MARCO Sorprese?

EDDIE (*ride*) Eh? li vanno a contare, e trovano un paio di marmocchi di piú.
MARCO No... aspettano, le donne, Eddie. Quasi tutte. Propio, ieccezioni.
RODOLFO C'è piú severità al paese nostro. (*Eddie adesso lo guarda*). Non c'è libertà come ccà.
EDDIE (*si alza e passeggia su e giú*) E manco cà c'è tanta libertà, Rodolfo, come credi. Ho visto io certi che ci hanno lasciato le penne – eh già, perché per loro una ragazza che non va con lo scialle nero in testa non è seria! Ma una ragazza è seria anche senza vestire di nero! Capito?
RODOLFO Certo! Ma io rispetto...
EDDIE Sí, va bene, ma al paese tuo non ti porteresti fuori una ragazza giorno e notte senza chiedere il permesso. Non so se... (*Si volta*) Hai capito, Marco – voglio dire, qua non c'è tutta questa differenza...
MARCO (*cauto*) Sí.
BEATRICE Be', poi non è che l'ha portata fuori giorno e notte, andiamo, Eddie.
EDDIE Sí, va bene, ma dico – molti si fanno un'idea sbagliata. (*A Rodolfo*) Qui, capito? può sembrare un po' piú libero, ma la serietà è la stessa.
RODOLFO Io l'aio rispettata sempre, Eddie. Ho fatto quacche cosa di male?
EDDIE Senti, ragazzo, io non le sono padre, io le sono solo zio...
BEATRICE Bene. E allora, fai lo zio! (*Eddie la guarda rendendosi conto della forza con cui lei lo critica*). Mi pare...
MARCO No, Beatrice, se lui ha fatto quacche cosa voi lo dovete dire. (*A Eddie*) Che ha fatto?
EDDIE Marco, prima che arrivasse lui lei non è mai tornata a casa a mezzanotte.
MARCO (*a Rodolfo*) Torna a casa prima, uora eh!
BEATRICE (*a Catherine*) Hai detto che il cinema è finito tardi, è vero?
CATHERINE Sí.
BEATRICE E allora dillo, cara. (*A Eddie*) Il cinema è finito tardi.

EDDIE Senti, Beatrice, io dico un'altra cosa – lui crede che lei ha fatto sempre questa vita.
MARCO Tu torna a casa prima uora, Rodolfo.
RODOLFO (*imbarazzato*) Sí, va bene. Cetto, ma non mi pozzo chiudere in casa, Eddie...
EDDIE Senti, ragazzo, io non parlo solo per lei. Tu piú vai in giro piú corri pericoli. (*A Beatrice*) Va sotto a un'automobile, dico per dire. (*A Marco*) Le carte, dove sono? chi è? Insomma qua... capito?
BEATRICE Quando esce di giorno non è lo stesso? Di giorno non corre pericoli?
EDDIE (*trattenendo una voce carica d'ira*) Sí, ma andarseli a cercare con la lanterna, Cristo, Beatrice! È venuto a lavorare? E allora lavori! Se è venuto per divertirsi allora è un'altra faccenda! (*A Marco*) Ma io, Marco, dillo tu, avevo capito che eravate venuti per dar da mangiare alla vostra famiglia. Siamo d'accordo, Marco? (*Va alla sedia a dondolo*).
MARCO Scusa, Eddie...
EDDIE Dico: questo, avevo capito, che venivate a fare.
MARCO Sí. Questo siamo venuti a fare.
EDDIE (*siede sulla sedia a dondolo*) Oh. D'accordo. (*Legge il giornale*).

C'è una pausa, un imbarazzo. Poi Catherine si alza e mette un disco sul fonografo.

CATHERINE (*rossa di ribellione*) Vuoi ballare, Rodolfo?

Eddie si irrigidisce.

RODOLFO (*per deferenza verso Eddie*) No, io... stanco sono.
BEATRICE Su, balla, Rodolfo.
CATHERINE Ah, andiamo! Senti, questo quartetto. Su. (*Gli ha preso la mano e lui si alza goffamente, sentendo sulla schiena gli occhi di Eddie, e ballando*).
EDDIE (*a Catherine*) Che è, un nuovo disco?

ATTO PRIMO

CATHERINE È sempre quello. L'abbiamo comprato l'altro giorno.
BEATRICE (*a Eddie*) Quanti credi che ne abbiano comprati? Tre. (*Lei li guarda ballare. Eddie volta la testa. Marco sta a sedere, aspettando. Beatrice si volta verso Eddie*) Dev'essere bello andare su quelle barche da pesca. Mi piacerebbe anche a me. Vedere tutti quei paesi.
EDDIE Già.
BEATRICE (*a Marco*) Ma le donne non le portano, figurati.
MARCO No, sulle barche, no. Lavoro pesante.
BEATRICE Che avete, la cucina normale, e tutto?
MARCO Sí, si mangia bene sulle barche... Quando vene Rodolfo poi... tutti ingrassano.
BEATRICE No! sa cucinare?
MARCO È un ottimo cuoco. Riso, pasta, pesce; tutto.

Eddie abbassa il giornale.

EDDIE Anche il cuoco, fa! Canta, fa la cucina...

Rodolfo sorride schermendosi.

BEATRICE È una bellezza. Se non fa un mestiere ne fa un altro.
EDDIE Ah, è un fenomeno. Sa cantare, cucinare, fa il sarto...
CATHERINE Sono quelli piú pagati! Gli chef dei grandi alberghi sono tutti uomini. Lo leggo sempre, sul giornale.
EDDIE È quello che sto dicendo!
CATHERINE (*continua ballando*) No, sai, per dire...
EDDIE (*a Beatrice*) È nato con la camicia! Credimi. (*Breve pausa; guarda lontano, a Beatrice*) Ecco perché il porto non fa per lui. (*Smettono di ballare, Rodolfo chiude il fonografo*). Per esempio io – non so cucinare, non so cantare, non so fare il sarto – per questo sto al porto. Ma se sapessi cucinare, cantare e fare il sarto, eh, ma a quest'ora io non starei al porto... (*Senza accorgersi ha strizzato il giornale e l'ha compresso in un rotolo. Tutti lo guardano adesso, e lui sente che si sta esponendo sempre*

piú, che vi è spinto suo malgrado) ... in qualche altro posto starei. Farei il sarto da donna. (*Ha piegato il rotolo di carta che improvvisamente si spezza in due. Di colpo si alza e si tira su i pantaloni e va da Marco*) Che dici, Marco, andiamo alla boxe sabato sera? Tu non hai mai visto un match?

MARCO (*inquieto*) Al cinematografo...

EDDIE (*va da Rodolfo*) Offro io. E tu, danese? vuoi venire anche tu? i biglietti li compro io.

RODOLFO Certo. Volentieri.

CATHERINE (*nervosamente felice ora. Va da Eddie*) Faccio un caffè, eh?

EDDIE Brava, fa' un caffè! Forte! Nero! (*Meravigliata, lei sorride e esce in cucina. Eddie è stranamente euforico, si stropiccia le nocche contro le palme. Va a grandi passi da Marco*) Vedrai che incontri che fanno qua. Hai mai fatto la boxe?

MARCO No, io mai.

EDDIE (*a Rodolfo*) E tu? Figurati, questo ha fatto tutto.

RODOLFO No.

EDDIE Allora, avanti, t'insegno io.

BEATRICE Ma che se ne fa d'imparare la boxe?

EDDIE Non si sa mai, uno di questi giorni, gli pestano un callo... Avanti Rodolfo, vieni qua che ti faccio vedere io – un paio di sventole... (*Si mette davanti alla tavola*).

BEATRICE Forza, Rodolfo, lui è bravo, t'insegna bene...

RODOLFO Be', ma io non so come... (*Scende verso Eddie*).

EDDIE Su le mani. Cosí. Ecco, cosí. Capito? Benone. Il sinistro alto, perché tu entri di sinistro, eh, guarda, cosí... (*Mette il sinistro piano nel viso di Rodolfo*) Hai visto? Adesso, quello che devi fare: bloccarmi, cosí quando io entro, tu... (*Rodolfo para il sinistro*). Eh! Ma sai che tu vai bene! (*Rodolfo ride*). Forza, adesso, entra tu, avanti...

RODOLFO Non te voglio fare male, Eddie.

EDDIE Tu fai male a me? Avanti. Spara, che ti faccio vedere io come si blocca. (*Rodolfo tira ridendo. Gli altri ridono*). Eccolo là. Un'altra volta. Dritto alla mascella, qui. (*Rodolfo tira con maggiore sicurezza*). Benissimo!

ATTO PRIMO 55

BEATRICE (*a Marco*) È bravo!
EDDIE (*gridando dietro Rodolfo*)   Come no! È un campione! Avanti, ragazzo, mettici dentro qualche cosa in questi pugni, non mi fai male! (*Rodolfo, piú seriamente, tira un altro diretto alla mascella di Eddie*). Ataboy!

Catherine entra dalla cucina e guarda.

CATHERINE (*comincia ad allarmarsi*)   Ma cos'è? che stanno facendo?
BEATRICE (*in questo momento non sente altro che il cameratismo dell'incontro*)   Gli insegna: lo vedi com'è bravo?
EDDIE   Certo, è un professore. Adesso sparo io e tu blocchi. (*Rodolfo piazza un colpo*). Cosí! Adesso attenzione, danese; largo che arrivo io! (*Finge di sinistro e piazza di destro*).

Rodolfo barcolla. Marco si alza.

CATHERINE (*precipitandosi verso Rodolfo*)   Eddie!
EDDIE   Cosa? Non gli ho fatto niente! T'ho fatto male, giovanotto? (*Fregandosi il dorso della mano contro le labbra*).
RODOLFO (*a Eddie sforzandosi di sorridere*)   È stata a suppresa.
BEATRICE (*spingendo Eddie a sedere sulla sedia a dondolo*) Basta Eddie. È stato bravo, però eh?
EDDIE   Sí. (*Sfregando i pugni uno contro l'altro*) Ha la stoffa, Marco, gli darò qualche altra lezione.

Marco annuisce, dubbioso.

RODOLFO   Vieni, Catherine.

Vanno al fonografo e l'avviano; è il disco di *Paper Doll*. Rodolfo la prende tra le braccia. Ballano. Eddie, pensoso, siede sulla sua sedia, e Marco prende la sedia a sinistra della tavola, la mette davanti a Eddie, e la fissa. Beatrice e Eddie lo guardano.

MARCO   Sai alzare questa sedia?
EDDIE   Come sarebbe?
MARCO   Di ccà. (*Si mette in ginocchio, con una mano dietro la schiena, e impugna il piede di una delle gambe della sedia, ma senza alzarla*).
EDDIE   Che ci vuole? (*Va alla sedia, si inginocchia, impugna la gamba, l'alza di un pollice, ma la sedia s'inclina al suolo*) Accidenti, è difficile, questa non la sapevo. (*Tenta di nuovo, ma neanche adesso riesce*) Ma che è? l'angolo che fa? eh?
MARCO   Ecco. (*Si inginocchia, impugna, e faticosamente alza la sedia sempre piú in alto, fino ad alzarsi in piedi*).

Rodolfo e Catherine smettono di ballare mentre Marco alza la sedia al disopra della testa. È a faccia a faccia con Eddie: la tensione estrema gli gonfia gli occhi, gli irrigidisce la mascella, il collo è ligneo, la sedia alzata come un'arma; poi ad un tratto egli trasforma quel che potrebbe apparire un baleno di minaccia in un sorriso di trionfo; mentre sul volto di Eddie affascinato a guardarlo il sorriso svanisce intanto che cala il sipario.

ATTO SECONDO

La luce si leva su Alfieri seduto alla sua scrivania.

ALFIERI   Il ventitre di quel dicembre una cassetta di whisky sgusciò di tra le maglie di una rete, mentre la scaricavano, cosa che facilmente succede a una cassetta di whisky, la vigilia di Natale, sul molo 41. Non c'era neve, ma era molto freddo; sua moglie era in giro per i negozi. Marco al lavoro. Il ragazzo non era di turno quel giorno; e Catherine mi disse poi che quella era la prima volta che s'erano trovati soli in casa.

La luce illumina Catherine nell'appartamento. Rodolfo la guarda mentre lei aggiusta un modello di carta su della stoffa stesa sulla tavola. La casa è addobbata per Natale.

CATHERINE   Hai voglia di mangiare?
RODOLFO   No, non di manciare. Ho quasi trecento dollari. Catherine?
CATHERINE   Ti sento.
RODOLFO   Non ne possiamo piú neanche parlare?
CATHERINE   Ah, finché si tratta di parlarne.
RODOLFO   Cos'hai che ti turmenta, Catherine?
CATHERINE   Avrei una cosa da chiederti. Posso?
RODOLFO   Se mi guardi negli occhi, non hai già tutte le risposte che vuoi? Ma tu negli occhi non mi guardi piú, Catherine. Hai tanti segreti. (*Lei lo guarda. Rodolfo sembra esitare*) Di'.
CATHERINE   Se io volessi andare a vivere in Italia?
RODOLFO   (*sorride all'improbabilità*)   E che ti sposi, un miliardario?

CATHERINE   No, io e te: andare lí.
RODOLFO (*il sorriso svanisce*)   Quando?
CATHERINE   Be'... appena sposati.
RODOLFO (*stupito*)   Ti vuoi fare italiana?
CATHERINE   No, ma che c'entra, anche senza essere italiana. Tanti americani ci vivono in Italia.
RODOLFO   Per sempre?
CATHERINE   Sí.
RODOLFO (*va verso la sedia a dondolo*)   Tu vuoi scherzare.
CATHERINE (*lo segue*)   Sul serio.
RODOLFO   Come t'è saltata in testa un'idea simile?
CATHERINE   Tu dici che è tanto bello laggiú, col mare, le montagne e le...
RODOLFO   Tu mi pigli in giro.
CATHERINE   No, no.
RODOLFO (*le si avvicina piano*)   Caterina, ma il giorno che ti porto a casa mia, senza soldi, senza lavoro, senza niente, quelli sai che fanno? chiamano il medico, e Rodolfo lo mandano al manicomio!
CATHERINE   Ho capito, ma io credo che lí saremmo piú felici.
RODOLFO   Piú felici? E che manci, lí, l'aria?
CATHERINE   Perché, tu potresti andare a cantare, non so, a Roma, a Napoli...
RODOLFO   A Napoli! Ma tutti cantano, a Napoli!
CATHERINE   Andrò a lavorare io allora.
RODOLFO   Dove?
CATHERINE   Qualche cosa ci sarà, no?
RODOLFO   Ma insomma, mi dici la ragione di tutto questo? che dovrei fare io? portarti da un paese ricco in un paese povero? a fari la fame? mi dici pecché? (*Catherine cerca le parole*). Ma io mi sentirei un mascalzone! In due o tre anni al paese mio tu diventeresti vecchia, brutta. Non sai la moglie di mio fratello com'è diventata! Con tre bambini a cui non sa che dare da manciare!
CATHERINE (*piano*)   Ho paura di Eddie, qui.

Breve pausa.

RODOLFO (*le si fa piú vicino*) Ma non vivremo qui. Una volta avuta la cittadinanza io potrei lavorare unni mi pare, mi troverei un posto migliore, ci faremmo 'a casa nostra, Caterina... Se non avessi paura d'essere arrestato, comincerei anche subito, non vedo l'ora di diventare qualcuno qua.

CATHERINE (*con grande sforzo*) *Dimmi una cosa. Solo questo mi devi dire, Rodolfo. Tu mi sposeresti lo stesso anche se *dovessimo*, per forza, andare a vivere in Italia? non so, per qualsiasi ragione?

RODOLFO Chi 'o vole sapere, tu o lui?

CATHERINE Io, io, lo voglio sapere, Rodolfo. Io.

RODOLFO Andare lí, cosí, nudi e crudi.

CATHERINE Sí.

RODOLFO No. (*Lei lo guarda con occhi sbarrati*). No.

CATHERINE Non lo faresti piú?

RODOLFO No, non ti sposerò per andare a vivere in Italia. Io voglio che tu sia mia moglie, ma voglio essere cittadino 'cca. Dincillo pure, tanto ce lo dirò anch'io. (*Cammina in giro, infuriato*) E dincillo pure e mettitillo bene in testa pure tu, che io non cecco la carità, che tu non sei un cavallo, o un pacco Unrra, o un bono minestra per povero emigrante ca mori di fami!

CATHERINE Be', non t'arrabbiare.

RODOLFO Non t'arrabbiare? (*Va verso di lei*) Ma cosí 'n terra mi fai? Ti credi veramente ca io mi legherei tutta la vita a una donna ca nun vogghio bene solo per essere americano? Ma che significa essere americano, scusa? Ma cosa credi, che nun li avemo puro in Italia, i grattacieli, la luce elettrica? i stradi? le automobili? 'O lavoro nun avemo. Io vogghio diventare americano pi lavurari. Chista è l'unica meraviia 'cca: 'o lavuru! Pecché mi insulti cosí, Caterina?

CATHERINE Ma io non pensavo...

RÓDOLFO Me piance 'o cuore a vedetti accussí! Ma pecché ài tanta paura di lui?

CATHERINE (*sul punto di piangere*) Non lo so!

RODOLFO Me credi, Caterina. Eh? Me credi?

CATHERINE Capisci, è che io... È stato buono con me... Tu non lo conosci, è stato sempre cosí caro con me... buono. Mi strilla dalla mattina alla sera ma non importa, non lo fa per cattiveria. E allora capisci... io non posso pensare di vederlo triste... non posso, ho rimorso... perché ho sempre sognato il giorno del mio matrimonio di vederlo vicino a me, allegro, felice... E invece, guarda adesso, sempre triste, di malumore. (*Piange*) Digli che andresti anche in Italia, diglielo, cosí, tanto per dire... forse cosí comincerà a fidarsi un po' piú di te, capito? perché non posso vederlo infelice, non posso sopportare, capito?
RODOLFO Oh Caterina... oh che bambina...
CATHERINE Ti voglio bene, Rodolfo, ti voglio bene...
RODOLFO E allora? pecché ài tanta paura di lui? che ti dia 'e tummulate ài paura?
CATHERINE No, ti prego, non prendermi in giro. Sono stata qua dentro tutta la mia vita... Tutti i giorni l'ho visto uscire di casa la mattina e tornare a casa la sera. Come fai, cosí, a voltare le spalle a uno e dirgli: addio, tu non sei piú niente per me! Come fai?
RODOLFO 'U saccio ma...
CATHERINE Non lo sai, nessuno lo sa! Tutti mi pigliano per una bambina, ma le sapeste voi le cose che so io! Beatrice, eccola lí, che non fa altro che dirmi di comportarmi come una donna... ma...
RODOLFO Be'?
CATHERINE Perché non comincia lei, a comportarsi come una donna? Se io fossi una moglie, lo farei felice il mio uomo invece di tormentarlo tutto il giorno. Da quando spunta in fondo alla strada te lo so dire se è di cattivo umore, se ha voglia di fare due chiacchiere, di stare in pace, tranquillo... Io so quando ha fame, quando vuole una birra, senza bisogno che parli! So perfino quando gli fanno male i piedi: capito? Lo conosco, e adesso gli devo voltare le spalle e sbattergli la porta in faccia come a un estraneo! Ma perché, dico io, perché?
RODOLFO Caterina. Se io prendo in mano, accussí, un passereddo. E chiddo crisce, e voli volari. Ma io non lo las-

ATTO SECONDO

so andare, pecché cci vogghio bene. Ci vogghio bene e per chisto non lo lasso andari? È giusto fare accussí? Io mica ti dico che lo devi odiare: ma insomma, andartene, te ne devi andare, no, Caterina?

CATHERINE (*piano*) Tienimi stretta.
RODOLFO (*la stringe a sé*) Picceredda mia.
CATHERINE (*piange*) Rodolfo, tienimi stretta. Ho paura, ho paura!
RODOLFO Non c'è nessuno. Vieni di là. Vieni. (*La conduce verso la camera da letto*) E non piangere piú.

La luce si leva sulla strada. Un momento dopo appare Eddie. È malfermo sulle gambe, ubriaco. Sale i gradini. Entra nell'appartamento, si guarda attorno, tira una bottiglia di tasca, la mette sulla tavola. Poi un'altra bottiglia da un'altra tasca, e una terza da una tasca interna. Vede il modello e la stoffa sul tavolo, si avvicina a toccare, poi si volta verso il fondo della scena.

EDDIE Beatrice! (*Va verso la porta aperta della cucina e guarda dentro*) Beatrice? Beatrice!

Catherine entra dalla camera da letto, riassettandosi il vestito sotto gli occhi di lui.

CATHERINE Sei tornato presto oggi.
EDDIE Ho staccato prima per Natale. (*Indica il modello*) Rodolfo ti fa un vestito?
CATHERINE No, mi faccio io una camicetta.

Rodolfo compare sulla soglia della camera da letto. Eddie lo vede e il suo braccio ha un sussulto di indignazione. Rodolfo prova a salutarlo con un cenno del capo.

RODOLFO Beatrice è andata a comprare i regali per sua madre.
EDDIE Fa' la valigia. Fuori. Piglia la tua roba e fuori di qui! (*Catherine cammina verso la camera da letto, e Eddie le afferra il braccio*). Dove vai?

CATHERINE (*trema di paura*)   Non so, è meglio che me ne vada di qui.
EDDIE   No, tu non te ne vai. Lui sí.
CATHERINE   No, ho paura che qui non posso piú restare. (*Libera il braccio, fa un passo indietro verso la camera da letto*) Scusami, Eddie. (*Gli vede le lacrime agli occhi*) Ma qui non ci posso piú stare. Lo sai, no, che non ci posso piú stare? (*Torce le mani in gesto di preghiera*) Oh, Eddie, su, ti prego!
EDDIE   Tu non vai da nessuna parte.
CATHERINE   Eddie, non puoi piú trattarmi come una bambina! Perché io...

Eddie la attira improvvisamente a sé, e mentre lei cerca di liberarsi la bacia sulla bocca.

RODOLFO   No! (*Tira il braccio di Eddie*) Fermo! Tu l'hai a rispettari!
EDDIE (*l'ha fatto ruotare su se stesso*)   E tu cosa vuoi?
RODOLFO   Me mogghie vogghio! Me mogghie! Pecché sarà me mogghie.
EDDIE   E tu che sarai?
RODOLFO   To fazzo vèdere io!
CATHERINE   Va' fuori, non litigare con lui...!
EDDIE   Avanti, fammi vedere! Che sarai tu? fammi vedere! avanti, fammi vedere!
RODOLFO (*con lacrime di rabbia*)   Nun me parlare accussí! (*Gli salta addosso*).

Eddie gli blocca le braccia e lo tiene fermo, ghignando, e d'un tratto lo bacia.

CATHERINE   Eddie! Lascialo andare! T'ammazzo! Lascialo andare!

Catherine tempesta di pugni e graffi il volto di Eddie, finché costui lascia andare Rodolfo. Barcollante, Eddie, con le lacrime che gli colano dal volto, sghignazza all'indirizzo di Rodolfo. Lei lo guarda, ansimante, inorridita. Rodolfo è come impietrito – sono due animali che si sono azzannati e lasciati senza una decisione finale, e ognuno aspetta quel che farà l'altro.

EDDIE (*a Catherine*)   Hai visto? (*Si avvia barcollando verso la porta, restando di faccia a Rodolfo*) Attento tu, clandestino. Se ti pescano, ti buttano a mare. Ma mi fai pena. Vattene via. E non le mettere piú una mano addosso, se no ti faccio uscire coi piedi avanti. (*Esce dall'appartamento*).

Le luci calano, e si alzano su Alfieri.

ALFIERI   Lo rividi il ventisette di dicembre. Io di solito torno a casa molto prima delle sei, ma quel giorno rimasi in ufficio senza nessuna ragione al mondo, a guardare il mare dalla mia finestra, e quando lo vidi varcare il portone del mio ufficio, seppi perché avevo aspettato. Vi sembrerà che vi racconti un sogno: e fu cosí. Quante volte nel corso delle due conversazioni che avemmo mi stupii di sentirmi come – incantato – non avevo piú forza addosso. (*Eddie entra scendendo la rampa di destra, si toglie il berretto sedendosi sullo sgabello della scrivania, guarda fuori soprappensiero*). Piú che ascoltarlo, ero affascinato dai suoi occhi. Tant'è vero che della conversazione mi ricordo appena. Ma non dimenticherò mai come tutta la stanza si oscurò quando mi guardò con due occhi che parevano caverne. Avrei voluto chiamare la polizia, ma non era successo niente. Cos'era successo? Niente. (*Si interrompe e abbassa gli occhi alla scrivania. Poi si volta verso Eddie*) Quindi, insomma non se ne vuole andare.

EDDIE   Mia moglie parla di trasferirli di sopra. C'è una vecchia all'ultimo piano che ha una stanza libera.
ALFIERI   Cosa dice Marco?
EDDIE   Marco non dice niente. È di poche parole.
ALFIERI   Si vede che non gliel'hanno detto, allora? Quello che è successo.
EDDIE   Non lo so. Marco è di poche parole.

ALFIERI E vostra moglie?
EDDIE (*vuole cambiare argomento*) Nessuno parla, in casa. Dunque, allora?
ALFIERI Tu non m'hai provato niente fino adesso. L'unica cosa che puoi dire è che non ha avuto la forza di liberarsi dalla tua stretta...
EDDIE No, ve l'ho detto che non è regolare. Uno che non vuole, reagisce! Anche un topo, pigliate un topo e tenetelo in mano – ma quello lotta, è normale – lui no, non ha lottato, non è normale, non è regolare.
ALFIERI ... Ma perché gli hai fatto quello, Eddie?
EDDIE Per farglielo vedere, a lei! Che le ossa di sua madre si rivoltano al cimitero! Per dimostrarglielo, una volta per sempre! (*Prorompe con forza e quasi perentoriamente*) E adesso che devo fare? Ditemi che devo fare.
ALFIERI Lei ha detto che lo sposa?
EDDIE Me l'ha detto, sí. Allora, che faccio?

Breve pausa.

ALFIERI Questa è la mia ultima parola, Eddie – che m'ascolti o no, sono affari tuoi. Tu non puoi accampare nessun diritto, né legale né morale, tu non puoi fermare questa faccenda; lei è libera dei suoi atti.
EDDIE (*si sta infuriando*) Ma allora non avete sentito niente!
ALFIERI (*con tono piú duro*) Io ho sentito tutto, e adesso ti sto rispondendo. E non solo ti rispondo, ma ti avverto! La legge è natura. La legge non è che una parola per indicare quello che ha diritto di succedere. Quando una legge è sbagliata, vuol dire che è innaturale, ma in questo caso è piú che naturale e non ti ci mettere contro se no ti travolgerà come un fiume. Hai capito? Lasciala andare. E dàlle la tua benedizione. (*Una cabina telefonica comincia a illuminarsi, dall'altra parte del palcoscenico a sinistra, d'una pallida luce azzurrastra, livida. Eddie si alza, le mascelle contratte*). Qualcuno doveva venire a prendersela, Eddie, un giorno o l'altro. (*Eddie*

si volta per andarsene. Alfieri si alza, pieno di un'ansia nuova) Non avrai un solo amico al mondo, Eddie! Tutti ti volteranno le spalle, anche quelli che capiscono! Anche quelli che provano quello che provi tu ti malediranno! (*Eddie si allontana risalendo la rampa ed esce in fondo a destra*). Càvatelo dalla testa! Eddie!

Eddie se n'è andato. La cabina è in piena luce, ora. La luce si spegne su Alfieri. Eddie contemporaneamente è comparso dalla sinistra vicino alla cabina telefonica.

EDDIE   Datemi il numero dell'Ufficio Immigrazione. Grazie. (*Fa il numero*) Ho una denuncia da fare. Immigrati illegali. Sí, due. Sí. Saxon Street 441. Brooklyn, sí. Pianterreno. Eh? (*Con maggiore difficoltà*) No, non sono nessuno: sono uno del quartiere. Eh? (*Evidentemente gli fanno altre domande, ed egli riattacca lentamente. Lascia il telefono. Si dà un'occhiata intorno, poi sale in casa. Le luci si levano nell'appartamento. Beatrice sta staccando i festoni natalizi e li ripone in una scatola*). Dove sono? (*Beatrice non risponde*). Ho detto dove sono?
BEATRICE (*alza gli occhi a guardarlo, stanca di tutta la faccenda, e con una nascosta paura di lui*)   Ho deciso: li metto su dalla Dondero.

Eddie depone la giacca sul fonografo.

EDDIE   Ah. E sono già andati tutti di sopra?
BEATRICE   Sí.
EDDIE   Catherine dov'è? Di sopra anche lei?
BEATRICE   Un momento, a portare due federe.
EDDIE   Non se ne va con loro.
BEATRICE   Senti, io non ne posso piú, basta, ne ho fin sopra i capelli!
EDDIE   E con chi te la pigli? Chi li ha fatti venire qua? (*Si muove attorno inquieto*) Insomma, qualche cosa sono ancora, qua dentro! (*Gira intorno, desideroso di debel-*

lare l'evidente disapprovazione di lei) È casa mia, qui, non casa loro.

BEATRICE   Che vuoi da me? Se ne sono andati, che altro vuoi?

EDDIE   Voglio essere rispettato!

BEATRICE   Li ho cacciati via, che altro vuoi? È casa tua, sei rispettato, che vuoi?

EDDIE (*gira intorno mordendosi le labbra*)   Non mi piace, come parli, Beatrice.

BEATRICE   Ti sto dicendo che ho fatto come vuoi tu!

EDDIE   Come mi parli, come mi guardi, non mi piace, Beatrice! Questa è casa mia. E io verso mia nipote mi sento responsabile.

BEATRICE   Ah sí? Quella poveretta sta tremando lí, tutt'il giorno, e non dorme tutta la notte! Bel modo di sentirti responsabile!

EDDIE (*aiutandola a riporre la carta argentata*)   Senti, Beatrice, io e te, uno di questi giorni, dobbiamo mettere le cose in chiaro.

BEATRICE   Piú chiare di cosí: chiare come il sole. Facciamo finta che non sia successo niente e andiamo avanti.

EDDIE   Voglio il rispetto che m'è dovuto, Beatrice, e tu sai di che parlo.

BEATRICE   Di che parli?

EDDIE (*pausa. Poi la sua risoluzione si fa piú aspra*)   Questa storia che io devo fare il marito e non devo fare il marito, io non voglio piú...

BEATRICE   Chi t'ha mai detto niente?

EDDIE   Hai detto, hai detto, che sono sordo? Non voglio piú sentire altre chiacchiere. Io faccio o non faccio quello che mi pare. (*Pausa*). Beatrice, tu una volta non eri cosí. Avevi tutt'un altro modo di fare.

BEATRICE   Sí, sí.

EDDIE   Non mi dire sí, sí. Ma come? La moglie, non deve piú credere al marito? Se ti dico che quello non è un uomo, tu perché mi devi dire il contrario?

BEATRICE   Ma tu come lo sai?

EDDIE   Perché lo so. Io non accuso la gente a vanvera. E che cos'è questa storia che io non voglio che lei si sposi?

Ho fatto i calli al groppone per pagarle le lezioni di stenografia, cosí lei poteva uscire e incontrare altri tipi di gente. Perché l'avrei fatto se non volevo farla sposare?
BEATRICE   Ma a lei gli piace lui.
EDDIE   Ma è una bambina, ma che ne sa lei di quello che le piace?
BEATRICE   Per forza è una bambina, non l'hai mai fatta uscire. Sempre chiusa a chiave.
EDDIE   Va bene... falla uscire.
BEATRICE   Sí, adesso, falla uscire. Adesso è tardi, Eddie.

Pausa.

EDDIE   Be', magari, glielo dirò io... non so... glie... lo...
BEATRICE   Si sposano fra una settimana, Eddie.
EDDIE (*volta la testa di scatto*)   L'ha detto lei?
BEATRICE   Eddie, dammi retta una volta. Valle a fare gli auguri. (*Eddie in piedi, guarda a terra*). Per esempio, perché non le dici che vai al matrimonio? (*Lui si preme le dita contro gli occhi*). Perché piangi? (*Va da lui, gli tiene il volto fra le mani. Catherine appare sull'ultimo pianerottolo della scala e loro la sentono scendere*). Eccola... scende... Avanti, su, va' a darle la mano.
EDDIE (*d'impeto a malapena represso*)   No, non posso! parlare con lei.
BEATRICE   Eddie, abbi pietà di questa povera ragazza, un matrimonio dev'essere felice!
EDDIE   Devo andare, devo andare fuori... (*Va in fondo alla stanza a prendere la giacca*).

Catherine entra e si avvia verso la camera da letto.

BEATRICE   Katie?... Eddie, un momento, aspetta. (*Prende affettuosamente Eddie sottobraccio*) Domandaglielo, Katie, su, tesoro.
EDDIE   Non fa niente, io devo... (*Fa per andarsene e lei lo trattiene*).
BEATRICE   No, senti che te lo domanda, te lo domanda lei.

Su, Katie, avanti. Faremo una festa. Ma che, vogliamo stare come cani e gatti, tutti quanti?
CATHERINE   Io mi sposo, Eddie. Se vuoi venire al matrimonio, è sabato.

Pausa.

EDDIE   Ho capito. Io volevo solo il tuo bene. Lo sai, sí, spero.
CATHERINE   Sí. (*Si avvia di nuovo verso la camera da letto*).
EDDIE   Catherine! (*Lei si volta verso di lui*). Stavo dicendo adesso a Beatrice... se tu vuoi uscire, non so... io lo capisco, forse t'ho tenuta troppo dentro... quello, lo sai che è il primo che hai incontrato? capisci, adesso tu hai un impiego, potrai vedere altra gente, e ti fai... ti fai un'altra idea... non ti pare? dico, poi, tu puoi sempre tornare da lui, siete cosí giovani, ancora tutti e due... Che fretta hai? Dico, vediamo, forse...
CATHERINE   No, è tutto fissato, ormai.
EDDIE (*con ansia crescente*)   Katie, senti un momento...
CATHERINE   No, io ho deciso...
EDDIE   Come hai deciso? Non conosci nessun altro! Come hai deciso?
CATHERINE   Perché ho deciso. Non voglio nessun altro.
EDDIE   Ma Katie, se l'arrestano...
CATHERINE   Ho deciso, Eddie. (*A Beatrice*) Posso portare su altre due federe, per gli altri due?
BEATRICE   Fai, cara. Che si ricordino, però, eh? di riportarle.

Catherine va in camera da letto.

EDDIE   C'è altra gente di sopra?
BEATRICE   Sí, due appena arrivati.
EDDIE   Come appena arrivati?
BEATRICE   Dall'Italia. I nipoti di Lipari, il macellaio. Vengono da Bari, sono arrivati ieri. Io non lo sapevo neanche finché Marco e Rodolfo non sono saliti. (*Catherine*

ATTO SECONDO

entra dalla camera da letto, va verso l'uscita sulla scala con due federe). Meno male, cosí avranno un po' di compagnia.

EDDIE Catherine! (*Lei si ferma vicino alla porta. Anche Beatrice ha un soprassalto*). Ma di', sei impazzita? Li metti là sopra con due altri clandestini?

CATHERINE Perché?

EDDIE (*in un accesso di paura*) Perché? Ma metti che questi due sono ricercati, che ne sai? li vengono a pigliare e trovano Marco e Rodolfo! Mandali via subito!

BEATRICE Ma chi deve venire a cercarli!

EDDIE Che ne sai Lipari quanti nemici ha! Che magari gli vogliono fare le scarpe!

CATHERINE Be', ma dove li metto?

EDDIE Il quartiere è pieno di camere, che, non puoi vivere a cento metri da lui? Portali fuori, fuori!

CATHERINE Be', domani sera cercherò di...

EDDIE Macché domani sera, adesso! subito!

Due uomini in soprabito appaiono sul fondo a sinistra, scendono per la discesa, entrano in casa.

CATHERINE Ma dove lo trovo un posto stasera?

EDDIE Li vuoi portare fuori invece di discutere con me? Ma di che hai paura? Non t'ho mai detto niente in vita mia che non fosse per il tuo bene! E invece, guardala lí, come mi deve parlare! Neanche a un nemico! fuori, portali fuori! fuori! (*Bussano alla porta. La sua testa si volta come una molla. Tutti restano impietriti. Bussano ancora. Eddie, sottovoce, indicando il fondo del palcoscenico*) Vai dalla scala di sicurezza, falli uscire dal muro di dietro!

Catherine resta immobile, senza capire.

PRIMO AGENTE (*davanti all'ingresso*) Immigrazione, aprite!

EDDIE Corri, corri, svelta! (*Lei resta un momento a guar-*

darlo, con orrore: ha cominciato a capire). Su: che mi stai a guardare!
PRIMO AGENTE   Aprite!
EDDIE (*grida verso la porta*)   Chi è?
PRIMO AGENTE   Immigrazione, aprite!

Eddie si volta, guarda Beatrice che piomba a sedere, poi guarda Catherine. Con un singhiozzo di rabbia Catherine corre in camera da letto.
Bussano ancora.

EDDIE   Eh, un momento, un momento! (*Va ad aprire la porta*).

L'agente entra.

PRIMO AGENTE   Dove sono?

Il secondo agente corre dentro e guardandosi intorno va in cucina.

EDDIE   Dove sono chi?
PRIMO AGENTE   Avanti, avanti, dove sono? (*Corre nella camera da letto*).
EDDIE   Chi? qui non abbiamo nessuno. (*Guarda Beatrice che volta la testa. Bellicoso, infuriato, fa un passo verso Beatrice*) Che ti è successo a te?
PRIMO AGENTE (*entra nella camera da letto, chiama verso la cucina*)   Dominick? (*Entra il secondo agente dalla cucina*). Qui ci sono solo tre piani. Io salgo di qua, tu dalla scala esterna. Ti faccio entrare io. Sta' attento, là sopra. (*Il secondo agente esce dalla porta dell'appartamento e corre su per le scale*). Questo è il 441?
EDDIE   Sí, è questo.

Il primo agente esce dalla cucina. Eddie si volta verso Beatrice.

BEATRICE (*ora guarda e vede il suo terrore e sgomenta gli dice*)   Oh, Gesú mio, Eddie.

ATTO SECONDO

EDDIE Si può sapere che ti succede?

Lei si preme le mani sul volto.

BEATRICE Dio mio, Dio mio, che hai fatto! (*Il suo impulso finale è di volgersi a lui invece di correre lontano*).

Si sente il fischio della polizia. Molti passi sulla scala fuori attirano l'attenzione di Eddie. Vediamo il primo agente scendere con Marco, dietro di lui Rodolfo e Catherine, e due stranieri, seguiti dal secondo agente e alcuni vicini. Beatrice corre alla porta. Catherine scende le scale, di spalle, lottando col primo agente.

CATHERINE Cosa volete da loro? Sono operai. Abitano lí, a pensione. Lavorano al porto!
BEATRICE (*al primo agente*) Sentite, signore, che volete da loro, che male hanno fatto?
CATHERINE (*indica Rodolfo*) Non sono clandestini, lui è nato a Filadelfia.
PRIMO AGENTE Largo, largo, signorina...
CATHERINE Ma come sarebbe? Non si entra cosí in una casa e...
PRIMO AGENTE (*a Rodolfo*) In che strada siete nato, a Filadelfia?
CATHERINE Cosa c'entra? Lo sapete voi, in che strada siete nato?
PRIMO AGENTE Certo, quattro isolati da qui, centoundici, Union Street. Andiamo ragazzi! Forza, forza, ragazzi.
CATHERINE (*mettendosi fra lui e Rodolfo*) No, non lo potete fare! Via, via! andate via!
PRIMO AGENTE Senti, ragazzina, se sono in regola domani escono, se no se ne tornano dritti alla stazione di partenza. Se volete pigliarvi un avvocato pigliatevelo, ma tanto, dài retta a me, sono tutti soldi buttati dalla finestra. Portali in macchina, Dom.

Gli uomini si avviano, ma Marco rimane in coda.

BEATRICE (*sulla porta*)   Ma che male hanno fatto, Madonna mia, che volete da loro? Muoiono di fame laggiú: che volete? Marco!

Marco improvvisamente s'è staccato dal gruppo e piomba nella stanza, di fronte a Eddie; e Beatrice e il primo agente si precipitano nella stanza mentre Marco sputa in faccia a Eddie. Catherine corre nell'ingresso e si getta nelle braccia di Rodolfo.

EDDIE (*con un urlo di rabbia si scaglia contro Marco*)   Ah, vigliacco... figlio d'una...

Il primo agente interviene rapidamente e spinge Eddie lontano da Marco che resta fermo in aria d'accusa.

PRIMO AGENTE (*fra l'uno e l'altro, respingendo Eddie che vuole slanciarsi contro Marco*)   Fermo tu, fermo!
EDDIE (*di dietro la spalla del primo agente, a Marco*) T'ammazzo io, lo sai che t'ammazzo!
PRIMO AGENTE   Ohè! (*Lo scrolla*) Tu ti fermi qua adesso, e non esci! Hai capito? Non gli dare fastidio! Dentro! Hai capito, tu?

Per un momento c'è silenzio. Poi il primo agente si volta e prende Marco per il braccio e poi dà un'ultima occhiata indagatrice a Eddie, e mentre lui e Marco se ne vanno nell'ingresso, Eddie prorompe.

EDDIE   Non me la scordo questa, Marco! Hai sentito che ho detto?

Fuori, nell'ingresso, il primo agente e Marco scendono le scale. Adesso, nella strada, da sinistra, si radunano intorno ai gradini dell'ingresso Louis, Mike e altri vicini, fra cui il macellaio Lipari, un uomo tozzo di mezz'età, dall'aria spiritata, e sua moglie. Lipari va verso i due stranieri e li bacia. Sua moglie, con un lamento da prefica, va a baciare loro le mani. Eddie compare dalla casa urlando all'indirizzo di Marco. Beatrice cerca di trattenerlo.

EDDIE Tu ti dovrai inginocchiare davanti a mia!
PRIMO AGENTE (*sulla soglia con Marco*) Su, avanti ragazzina, lasciali andare. In macchina, in macchina, giovanotti, è all'angolo!

Rodolfo si trascina quasi dietro la singhiozzante Catherine su per la via che monta a sinistra.

CATHERINE Che volete da lui!

Il secondo agente è sparito con gli stranieri.

MARCO (*improvvisamente, approfittando del fatto che il primo agente è occupato con Catherine, si libera e indica Eddie*) Io l'accusu chiddu! L'accusu!

Eddie scosta bruscamente Beatrice e corre sui gradini.

PRIMO AGENTE (*afferra Marco e lo spinge su per la salita di sinistra*) Avanti!
MARCO (*mentre lo portano via, si volta a indicare Eddie*) Chiddu m'ha assassinao i figghi! Ce levao o pane d'a bocca!
EDDIE (*a Lipari e sua moglie*) Bugiardo! (*Lipari, il macellaio, si volta e si avvia verso sinistra col braccio intorno alla moglie*). Lipari! Lipari! (*Segue Lipari verso sinistra*) Ma come, Cristo santo, li sfamai, mi levai le coperte du letto per loro! (*Lipari e la moglie escono in fondo a sinistra. Eddie si volta e va verso Louis e Mike*) Louis! Louis! (*Louis si volta, poi si allontana e esce avanti a destra con Mike. Solo Beatrice è rimasta sui gradini... e Catherine ora ritorna, con gli occhi spenti. Eddie grida dietro a Louis e Mike*) In gola, ci 'u ricaccio! In gola! Se l'ha a rimangiare se no l'ammazzo! l'ammazzo! (*Esce in fondo a sinistra gridando*).

C'è una pausa di buio prima che le luci si levino sul parlatorio di una prigione a sinistra. Marco è seduto; Alfieri, Catherine e Rodolfo in piedi.

ALFIERI   Io sto aspettando, Marco. Che rispondi?
RODOLFO   Maccu non ha mai fatto male a nisciuno.
ALFIERI   Io ti posso far dare la libertà provvisoria fino al giorno del processo. Ma io non lo farò – è chiaro? – se non mi dài la tua promessa. Sei un uomo d'onore, io crederò alla tua parola. Che mi rispondi?
MARCO   Au paisi mio fussi già morto. Non campasse, a chest'ora.
ALFIERI   Sta bene, Rodolfo – allora andiamo.
RODOLFO   No! Pi favuri, signor Alfieri, Macco... Fagli questa promessa. Ti prego. Voglio ca viri u matrimoniu. Ma io non mi sposo se tu sei 'ccà intra! Tu non ài a fari ninti me cumprenni? a fare ninti?

Marco tace.

CATHERINE (*si inginocchia alla sinistra di Marco*)   Marco, non capisci? Non ti può far uscire. Come ti può far uscire se tu poi fai qualche pazzia? Eddie? Ma mandalo all'inferno, Eddie! Nessuno lo saluterà piú finché campa! Gli hai sputato in faccia, tutti lo sanno, che vuoi di piú? Dammi questa soddisfazione! ti voglio al mio matrimonio. Pensa a tua moglie e ai tuoi bambini: potresti lavorare fino al giorno del processo, invece di stare ad ammuffire qua dentro.
MARCO (*ad Alfieri*)   Nun aiu speranza?
ALFIERI (*va a destra dietro Marco*)   No, Marco. Ti rimandano in patria. Il processo è puramente una formalità.
MARCO   Ma pi Rudolfo c'è na spiranza?
ALFIERI   Appena lei l'ha sposato lui può cominciare a diventare americano. Lo permettono, se la sposa è nata in America.
MARCO (*guarda Rodolfo*)   Quacche cosa amu fatto. (*Mette una mano sul braccio di Rodolfo e Rodolfo la copre*).

ATTO SECONDO

RODOLFO   Macco, avanti, parla.
MARCO (*ritira la mano*)   Che pozzo rire? Non pozzo promettere contro l'onore.
ALFIERI   Promettere di non ammazzare non è contro l'onore.
MARCO (*guarda Alfieri*)   No?
ALFIERI   No.
MARCO (*fa un movimento con la testa, come se questa fosse una idea nuova*)   Allora – che se fa – con chiddu?
ALFIERI   Niente. Se obbedisce alla legge, vive. Basta.
MARCO (*si alza, si volta verso Alfieri*)   A ligge! Tutta a ligge non sta in do libro.
ALFIERI   Sta proprio nel libro. E non c'è altra legge.
MARCO (*la sua ira monta*)   Insurtao me frati. O sanghe mio. M'ha assassinao i fìgghi. M'ha rubao u lavuru. Tutto u lavuru ca ficiu pe venere ccà!
ALFIERI   Lo so, Marco.
MARCO   Unn'è a ligge? Nun c'è na ligge?
ALFIERI   Non c'è.
MARCO (*scuote la testa. Siede*)   Nu o capiscio stu paesi.
ALFIERI   Allora? Qual è la tua risposta? Hai cinque o sei settimane in cui potresti lavorare. Altrimenti, resti dentro. Parla.
MARCO (*abbassa gli occhi. Come se facesse qualcosa di vergognoso*)   Sta bene.
ALFIERI   Tu lo lascerai stare. Hai promesso.

Breve pausa.

MARCO   M'addomannasse scusa macari. (*Guarda dall'altra parte*).
ALFIERI (*gli prende una mano*)   Questa non è Dio, Marco. Solo Dio fa giustizia.
MARCO   Sta bene.
ALFIERI (*annuisce non troppo sicuro*)   Bravo. Caterina, Rodolfo, Marco, andiamo.
CATHERINE (*bacia Rodolfo e Marco; poi bacia la mano di Alfieri*)   Passo a prendere Beatrice e vi raggiungo in chiesa. (*Se ne va rapida, a sinistra*).

Marco si alza. Rodolfo d'impeto l'abbraccia. Marco gli batte la mano su una spalla e Rodolfo esce dietro Catherine. Marco è di fronte a Alfieri.

ALFIERI Solo Dio, Marco.

Marco si volta e esce a sinistra. Alfieri con un passo vagamente ieratico, lascia il palcoscenico.
Le luci calano. Si alzano a illuminare l'appartamento. Eddie è solo seduto nella sua sedia, dondolandosi avanti e indietro a piccoli scatti. Pausa. Poi Beatrice compare dalla camera da letto. È vestita a festa, e porta il cappellino.

BEATRICE (*timorosa, avvicinandosi a Eddie*) Un'ora, vado e torno, eh? Va bene, Eddie?
EDDIE (*piano, quasi inaudibilmente, come esausto*) Ma a chi parlo, al muro?
BEATRICE Eddie, per carità di Dio, è il suo matrimonio.
EDDIE Se esci da quella porta per andare a quel matrimonio, qui dentro, Beatrice, non ci rientri più!
CATHERINE (*entra nella camera da letto*) Sono passate le tre, a quest'ora dovremmo essere lí, Beatrice. Il prete non aspetta.
BEATRICE Eddie. In nome di mia sorella, lasciami andare. Io ci vado per mia sorella.
EDDIE (*come offeso*) O con me o con loro. Capito?
CATHERINE (*improvvisamente*) Ma a chi vuoi comandare tu?
BEATRICE Scc!
CATHERINE Tu non hai piú il diritto di dire niente a nessuno! Finché campi. A nessuno!
BEATRICE Zitta, Katie! (*L'attira verso di sé*).
CATHERINE Tu verrai con me...
BEATRICE Non posso, Katie, non posso.
CATHERINE E tu gli dài retta, a questo topo di fogna?
BEATRICE (*scuote Catherine*) Non dire cosí!

CATHERINE (*svincolandosi da Beatrice*) Ma di che hai paura? Non vedi che è un topo di fogna?
BEATRICE Basta!
CATHERINE (*piange*) Che morde la gente mentre dorme! Lascialo alla sua fogna!

Eddie pare in procinto di afferrare la tavola e di scagliarla contro di lei.

BEATRICE (*a Catherine*) Allora siamo tutti nella stessa fogna! Io, tu, tutti, perché tutti abbiamo colpa di quello che è successo, non te lo scordare, mai, Catherine! (*Va da Catherine*) Adesso, va' al tuo matrimonio, io resto a casa.

Rodolfo appare in fondo a sinistra, precipitandosi giú per la discesa, su per i gradini e nell'appartamento.

RODOLFO Eddie!... Eddie!... Eddie!...
EDDIE Chi t'ha detto d'entrare? Esci fuori!
RODOLFO Vene Macco, Eddie. (*Pausa. Beatrice leva le mani atterrita*). È in chiesa a pricari. Hai capito? (*Pausa. Scende nella stanza*) Catherine, veni, è meglio. Veni cu mme.
BEATRICE (*piano*) Eddie. Vieni. (*Lui non si muove*). Non voglio che tu stia qui quando arriva.
EDDIE Questa è casa mia.
BEATRICE (*gridando*) Ma quello è pazzo, lo sai come si diventa. Tu contro Marco non hai niente.
EDDIE M'ha infamato di fronte a tutto il quartiere!
RODOLFO (*improvvisamente, si avvicina a Eddie*) È cuppa mia. Eddie. È stata tutta cuppa mia. Ti chiedo piddono. Ti vaso la mano. (*Cerca di prendere la mano di Eddie, ma Eddie gliela sottrae in malo modo*).
BEATRICE Eddie, ti chiede perdono!
RODOLFO Io sono la cuppa di tutti i nostri guai. Ma pure tu, m'insurtasti, pecché? Dio 'u sa.
BEATRICE Senti, Eddie, sentilo che ti dice! Ma non ti basta, Eddie, che vuoi?

EDDIE 'U nome mio voglio! Marco, m'ha levato o nome!... io rivoglio il mio nome da lui, davanti a tutto il quartiere. (*Si tira su i calzoni*) Avanti! Dov'è? Portami da lui!
BEATRICE Ma se non è il sangue non sei contento? (*Gli sbarra la strada sulle scale*) Stammi a sentire, sto parlando con te, io che ti voglio bene! Anche se Marco ti bacia la mano là fuori, anche se si inginocchia davanti a te, che te ne importa! Tu vuoi un'altra cosa. Tu vuoi lei. E lei non la potrai avere mai!
CATHERINE (*inorridita*) Beatrice!
EDDIE (*colpito, inorridito, le mani gli si stringono a pugno*) Beatrice!
BEATRICE (*gridando, piangendo*) La verità non è peggio del sangue, Eddie! Ti sto dicendo la verità! Dille addio, per sempre!
EDDIE Beatrice! (*Coi pugni si stringe la testa che sembra spaccarsela*).
MARCO (*chiama da fuori*) Eddie Carbone!... Eddie Carbone!...

Eddie ruota su se stesso, di scatto, tutti restano impietriti per un istante. Fuori appare altra gente.

EDDIE (*come gettando la sfida*) Sí, Marco! Eddie Carbone!

Rodolfo sfreccia fuori dietro di lui e corre verso Marco.

RODOLFO No, Marco, no... no... no!
BEATRICE Eddie, non uscire!
MARCO (*appare da sinistra in fondo*) Eddie Carbone!...
EDDIE (*a poco a poco si rivolge a tutta la gente che s'è adunata*) Forse vieni a domandarmi peddono. Eh Marco? Per quello che m'hai detto di fronte a tutto il quartiere.
MARCO Eddie Carbone!
EDDIE (*si sta infiammando sempre di piú, mentre gli sfuggono piccoli scoppi di risa, e gli occhi si fanno omicidi, e fa scrocchiare le nocche delle mani con uno strano senso*

di liberazione)   Due sconosciuti, che non avevo mai visto! Nella famiglia! Manco fosse una stalla! A far man bassa! (*Diretto a Marco*) Ha spazzato il quartiere co 'u nome mio come se fosse uno straccio! Io rivoglio 'o nome mio, Marco... ritonname 'o nome mio, subbito! (*Adesso si avvia guardingo, verso Marco*).
BEATRICE e CATHERINE (*con alte lamentazioni*)   Eddie! Eddie! No! Eddie!
EDDIE   No, Marco 'u sape chi ha ragione e chi ha torto! Diccillo a tutti, Macco, che bugiardo sii! (*Ha teso il braccio e Marco sta allungando il suo*) Avanti, bugiardo, tu 'u sai chiddo ca facisti! (*Si scaglia contro Marco mentre un grande urlo soffocato sale dalla gente*).
MARCO (*colpisce Eddie vicino al collo*)   Animale! In ginocchio davanti a mia!

Eddie colpito cade a terra e Marco fa per alzare un piede e metterglielo addosso, quando Eddie fa scattare il coltello in mano e Marco fa un passo indietro.

LOUIS (*si precipita verso Eddie*)   Eddie, no, Cristo, no!
EDDIE (*alza il coltello e Louis si ferma e indietreggia*)   Che dicisti de mia, Macco. Avanti, ripetilo, ripetilo.
MARCO   Animaa-a-a-a-le!

Eddie balza avanti col coltello. Marco gli afferra il braccio, rivolge la lama in dentro e la spinge nel corpo di Eddie mentre le donne e Louis e Mike accorrono a separarli, e Eddie, col coltello ancora in mano, cade in ginocchio davanti a Marco. Le due donne lo reggono per un momento, invocando a piú riprese il suo nome.

EDDIE   Perché?... Oh, Beatrice!
BEATRICE   Sí, sí!
EDDIE   Beatrice mia... (*Le muore nelle braccia, e Beatrice lo copre col suo corpo*).

Alfieri che si trova nella folla, si volta verso il pubblico. Le luci si sono abbassate lasciandolo in un alone, e mentre parla continuano cupamente le preghiere degli astanti e le lamentazioni delle donne.

ALFIERI In genere, ormai, da noi si osserva la legge, nessuno si fa piú giustizia da sé, e io non posso che approvare. Ma la verità è santa, e pur conoscendo i torti che aveva quest'uomo e l'assoluta inutilità della sua morte, io tremo al suo pensiero. Perché, lo confesso, c'era in lui qualcosa di singolarmente schietto, non schietto perché fosse buono, ma schietto perché fu se stesso, e come tale si rivelò agli altri, nel bene e nel male, fino in fondo. Quanti di noi lo farebbero? D'altra parte, le leggi esistono e bisogna osservarle, d'accordo! Altrimenti, dove si va a finire? Ecco perché io piango quest'uomo con tanta, lo confesso, inquietudine.
Qui finisce la storia. Buona notte.

Sipario.

Indice

p. 5 *Nota*

Uno sguardo dal ponte

9 *Personaggi*
11 Atto primo
57 Atto secondo

*Stampato da Elemond s. p. a., Editori Associati
presso lo Stabilimento di Martellago, Venezia*

C.L. 7039

Ristampa											Anno
10	11	12	13	14	15	16		1996	1997	1998	1999

Collezione di teatro

Ultimi volumi pubblicati

171 O'Neill, *Il lutto si addice ad Elettra*.
172 De Filippo, *Gli esami non finiscono mai*.
173 Sofocle, *Antigone*.
174 Aristofane, *Lisistrata*.
175 De Filippo, *Sabato, domenica e lunedí*.
176 De' Medici, *Aridosia*.
177 Valle-Inclán, *Divine parole*.
178 De Filippo, *Mia famiglia*.
179 De Filippo, *Bene mio e core mio*.
180 Porta, *La presa di potere di Ivan lo sciocco*.
181 Molière, *Tartufo o L'impostore*.
182 Aub, *San Juan*.
183 Euripide, *Le Troiane*.
184 Solženicyn, *Una candela al vento*.
185 De Filippo, *De Pretore Vincenzo*.
186 De Filippo, *Ditegli sempre di sí*.
187 Dorst, *Era glaciale*.
188 Sarraute, *Isma ovvero Quel che si dice niente* seguito da *È bello*.
189 Schnitzler, *Girotondo*.
190 Kezich, *Il fu Mattia Pascal*.
191 Canetti, *La commedia della vanità*.
192 Maraini, *La donna perfetta* seguito da *Il cuore di una vergine*.
193 Shakespeare, *La bisbetica domata*.
194 Ibsen, *Peer Gynt*.
195 Valle-Inclán, *Luci di bohème*.
196 Weiss, *Tre atti unici*.
197 Pinelli, *Il Giardino delle Sfingi e altre commedie*.
198 Goldoni, *I due gemelli veneziani*.
199 Aristofane, *Rane*.
200 De Filippo, *Io, l'erede*.
201 Ariosto, *La Lena*.
202 Pinter, *Vecchi tempi*.
203 Wesker, *I vecchi*.
204 Pinter, *Terra di nessuno*.
205 Handke, *Esseri irragionevoli in via di estinzione*.
206 Fo, *La signora è da buttare*.
207 Rosso, *Un corpo estraneo - Esercizi spirituali*.
208 Maraini, *Don Juan*.
209 Bertolazzi, *El nost Milan*.
210 Weiss, *Il processo*.
211 O'Neill, *Lunga giornata verso la notte*.
212 Albee, *Marina*.
213 Shakespeare, *Le allegre comari di Windsor*.
214 De Simone, *La gatta Cenerentola*.
215 Dürrenmatt, *Il complice*.
216 Machiavelli, *Clizia*.
217 Lowell, *Prometeo incatenato*.
218 Blok, *Drammi lirici*.
219 Sofocle, *Le Trachinie*.
220 Plauto, *Il soldato spaccone*.
221 Shakespeare, *Coriolano*.
222 De Musset, *Lorenzaccio*.
223 Molière, *Le intellettuali*.
224 Williams (William Carlos), *Molti amori. Un sogno d'amore*.
225 Shakespeare, *La dodicesima notte*.
226 Genet, *Le Serve*.
227 Molière, *Il malato immaginario*.
228 Weiss, *La persecuzione e l'assassinio di Jean-Paul Marat rappresentati dai filo-drammatici di Charenton, sotto la guida del Marchese di Sade*.
229 De Filippo, *Le bugie con le gambe lunghe*.
230 De Filippo, *Il figlio di Pulcinella*.
231 De Filippo, *Chi è chiú felice 'e me!*
232 Shakespeare, *Il racconto d'inverno*.
233 Miller, *Morte di un commesso viaggiatore*.
234 Dürrenmatt, *La dilazione*.
235 Seneca, *Ercole furioso*.
236 Euripide, *Elena*.
237 De Filippo, *Tommaso d'Amalfi*.
238 Calderón de la Barca, *La vita è sogno*.
239 Pinter, *Il compleanno*.
240 Shakespeare, *Misura per misura*.
241 Shakespeare, *Molto rumore per nulla*.
242 Plauto, *Anfitrione*.
243 Apollinaire, *Le mammelle di Tiresia - Color del tempo*.
244 Lessing, *Emilia Galotti*.
245 Dürrenmatt, *Radiodrammi*.

246 Calderón de la Barca, *Il medico del proprio onore - Il pittore del proprio disonore*.
247 Céline, *Progresso*.
248 Pinter, *Il guardiano*.
249 Genet, *Il Balcone*.
250 Goldoni, *Il ventaglio*.
251 Goldoni, *Trilogia della villeggiatura*.
252 Brecht, *Nella giungla delle città*.
253 Brecht, *Vita di Edoardo Secondo d'Inghilterra*.
254 Brecht, *Teste tonde e teste a punta ovvero Ricco e ricco van d'accordo*.
255 Ford, *La sventura d'essere una prostituta*.
256 Ionesco, *La lezione - Le sedie*.
257 Pinter, *Tradimenti*.
258 Genet, *I Negri*.
259 Verga, *La lupa*.
260 Schiller, *Maria Stuarda*.
261 Fruttero e Lucentini, *La cosa in sé*.
262 Čechov, *Atti unici*.
263 Čechov, *Lešij*.
264 Čechov, *Platonov*.
265 Čechov, *Teatro*.
266 *Mettiti al passo!* Soggetto di Eduardo De Filippo. Versione di Claudio Brachini.
267 Eschilo, *I Persiani*.
268 Plauto, *I due Menecmi*.
269 Scabia, *Scontri generali*.
270 Brecht, *Turandot ovvero Il Congresso degli Imbianchatori*.
271 Goldoni, *La Famiglia dell'Antiquario*.
272 Weiss, *Hölderlin. Dramma in due atti*.
273 D'Amico, *Le lettere di Lewis Carroll*.
274 Pinter, *La serra*.
275 Ionesco, *Viaggi tra i morti*.
276 Wesker, *Trilogia (Brodo di pollo con l'orzo, Radici, Parlo di Gerusalemme)*.
277 Schiller, *La pulzella d'Orléans*.
278 Pinter, *Altri luoghi (Una specie di Alaska, Victoria Station, Voci di famiglia)*.
279 *L'erede di Shylock*. Soggetto di Eduardo De Filippo. Versione di Luciana Luppi.
280 Frisch, *Trittico. Tre quadri scenici*.
281 *Un pugno d'acqua*. Soggetto di Eduardo De Filippo. Versione di Renato Ianní.
282 Pinter, *Il bicchiere della staffa e Monologo*.
283 Schiller, *I masnadieri*.
284 Marivaux, *Le false confidenze*.
285 Schnitzler, *Anatol*.
286 Albee, *Chi ha paura di Virginia Woolf?*
287 Duras, *Suzanna Andler*.
288 Mrożek, *Emigranti*.
289 Sheridan, *Il critico ovverosia Le prove di una tragedia*.
290 Schnitzler, *Amoretto*.
291 Ibsen, *Hedda Gabler*.
292 Genet, *Sorveglianza speciale - I Paraventi*.
293 Williams (Tennessee), *Lo zoo di vetro*.
294 *Peppino Girella*. Sceneggiatura di Eduardo De Filippo e Isabella Quarantotti.
295 Molière, *La scuola delle mogli*.
296 Shaffer, *Amadeus*.
297 Strindberg, *La contessina Julie*.
298 Alfieri, *Mirra*.
299 Kleist, *Il Principe di Homburg*.
300 Goldoni, *Il campiello*.
301 Manzoni, *Adelchi*.
302 Turgenev, *Pane altrui*.
303 Jarry, *Ubu re*.
304 Kleist, *Pentesilea*.
305 Svevo, *La rigenerazione*.
306 Rohmer, *Il trio in mi bemolle*.
307 Hampton, *Les Liaisons dangereuses*.
308 Strindberg, *Danza di morte*.
309 Marivaux, *La disputa e Gli attori in buona fede*.
310 Schiller, *Guglielmo Tell*.
311 Cocteau, *La voce umana e La macchina infernale*.
312 Dürrenmatt, *La visita della vecchia signora*.
313 Ginzburg (Natalia), *L'intervista*.
314 Calderón de la Barca, *L'alcalde di Zalamea*.
315 Coleridge, *La caduta di Robespierre*.
316 Shakespeare, *Tito Andronico*.
317 Goethe, *Stella. Commedia per amanti*.
318 Beckett, *Finale di partita*.
319 Ibsen, *Rosmersholm*.
320 Ruzante, *La Piovana*.

321 García Lorca, *Donna Rosita nubile o Il linguaggio dei fiori*.
322 Goldoni, *La casa nova*.
323 Miller (Arthur), *Erano tutti miei figli*.
324 O'Neill, *Drammi marini*.
325 Minoret - Arnaud, *Salotti*.
326 Aristofane, *Donne all'Assemblea*.
327 Brecht, *Baal*.
328 Labiche, *La cagnotte*.
329 Manzoni, *Il conte di Carmagnola*.
330 Scarpetta, *Miseria e nobiltà*.
331 Schiller, *La congiura del Fiesco a Genova*.
332 Sofocle, *Edipo re. Edipo a Colono*.
333 Shakespeare, *Pene d'amore perdute*.
334 Babel', *Tramonto*.
335 Euripide, *Oreste*.
336 Coward, *Breve incontro*.
337 Bulgakov, *I giorni dei Turbin*.
338 Giacosa, *Come le foglie*.
339 Strindberg, *Il padre*.
340 Pasolini, *Affabulazione*.
341 Lope de Vega, *Il nuovo mondo scoperto da Cristoforo Colombo*.
342 Griboedov, *L'ingegno porta guai*.
343 Euripide, *Ifigenia in Aulide. Ifigenia in Tauride*.